70歳からの禅の教え

人生が変わる極上の暇つぶし

石毛泰道

幻冬舎

まえがき――「極上の暇つぶし」の極意

曹洞宗の僧侶である私は、禅の道を志して45年、今年70歳を迎えました。昔から「古希（稀）」、古来稀《まれ》と言われてきた年齢ですが、最近では稀でもなくなりました。葬儀の際などにも、しばしば驚かされることがあります。

「100歳までは元気に生きるぞ」と豪語していた、95歳になる高齢の男性が突然亡くなって、その家族は「こんなにも早く亡くなるなんて」と言ってびっくりしていました。私はそのびっくりしている状態にびっくりするのです。

女優の樹木希林さんは、「『いつかは死ぬ』じゃなくて『いつでも死ぬ』」という言葉を生前に残しています。死や生に関しては小学生でも、猫や犬も生あるものはいつか死ぬこと、人間もまた例外でなく、命が尽きることを知っています。

しかし、多くの方が自分の死は遠くにあると感じているかも知れません。2023年2月6日にトルコからシリアにかけての地域で大地震が発生し、5万6千人を超える方が亡くなっています。その朝、その方々に「あなたは今日が亡くなる運命の日だと思いますか」と聞いたら、きっと誰もが「そうは思わない」と答えていたでしょう。

また、今死んだら自分の物をこの世の向こうに持って行けそうな気がしている人もいるかもしれません。しかし、人はいつか確実に死に、物や栄光なども持って行くことができません。このあまりにも当たり前の事実を、当たり前すぎて意識している人が少ないと私は感じるのです。

そのことに目覚めて「意識を持つ」こと、それは「自覚」です。その対義語は「不覚」、つまり意識を持たないということです。そして、死ぬまでずっとそのことに気づかないのは、まさに「一生の不覚」です。

目覚めて自覚するとは、たとえばこんな例に通じます。昼間、蠟燭《ろうそく》に火がともされていても、陽の光によってその明るさはわかりません。しかし、同じ状態で夜を迎えると、蠟燭の火の明るさがはっきりわかるのです。

当たり前すぎて意識していない「死」を、頭や心の中に改めて深く認識することで、「一生の不覚」を回避することができると考えます。

私は東日本大震災のあと、ボランティア活動に行ったときの光景が目に焼き付いています。それは、家屋に流れ込んだ土砂の中から私が見つけた、一枚の写真に涙する高齢の女性の姿でした。

「ここの家の写真ですか」と、家主であろう女性に聞くと「はい」と首を縦に振ったのです。止めどもなく溢れ出る涙を、汚れたタオルで拭き、私の目を見つめて「ありがとうございます」と震える声で言ったあと、目を閉じて沈黙が続きました。

それは、災害で亡くなった家族が写っている、幸せそうな家族団欒の写真でした。素晴らしい時間があった証を目にしたことで、その記憶が時空を超え、パノラマのようによみがえったのでしょう。

私たちはよく告別式などにおいて、柩に花や手紙と一緒に写真を入れたりします。それは思い出を一緒に持って行って欲しいという家族の願いからでしょう。

私の著書『光の見える死に方』(幻冬舎)の文中に、死期を控えている80代の女性患者の話が書かれています。

面会もなくテレビも見ずに、終日ベッドにいたその女性に、医師が「退屈ではないですか」と聞いたところ、女性は「若いころのことを一つ一つ思い出しているので、何も退屈じゃありません」と答えたというのです。

人間とは、食べ物はもちろんのことですが、記憶や思い出をバクのように食べて生きていく生き物であると私は思っています。その記憶や思い出をより鮮やかなものにするには、「不覚」を「自覚」にすることです。

砂時計の砂をサラサラと降り積もらせていくように、人生もまた思い出を降り積もらせながら過ぎていきます。

この女性は死を「自覚」し、残り少ない砂時計の砂を意識したとき、楽しかった昔の日々を思い巡らせながら最期を迎えました。

ほかの何かをするよりも、一つ一つの思い出をゆっくり丁寧に思い返すことが、彼女にとっての何よりの幸せであることを、彼女自身が「自覚」していたからです。

考えてみるとこの悠久の宇宙の中で、人の生などというものは一瞬の時間にすぎません。一人ひとりの人間にとっては何十年のかけがえのない時間であっても、天上天下、大きな宇宙の時間の流れの中では、大海原の中の砂粒一つにも満たない、わずかな時間です。

私たちの人生は、喜怒哀楽さまざまあっても、その中のわずかな時間の「暇つぶし」にすぎないとも思えます。人が生きるということは、一人ひとりに与えられた、限られたこの時間の「暇つぶし」にすぎないかもしれないのです。

こう考えると、もしその人の人生が辛く重たいものだったとしても、それはその人に与えられた一定の時間の「暇つぶし」であり、つぶされた時の流れとともに過ぎ去っていくものと捉えることもできます。

自分の過去の景色を振り返ると、「あんなに苦しんだことも、今思うと大したことではなかった」と思えたり、また「頑張った、苦しかった、楽しかった」さまざまなことも、思い返してみれば人生は一瞬のようで、過ぎ去った時間が人生の貴重な「暇つぶし」だったと思える日が来るのではないかと考えます。

最終的には、過去にも未来にもない唯一無二の、自分だけの、自分のための残された人生をどう過ごすのか、また、終わりを迎えたとき、どんな気持ちになっていたら納得できるのか、その問いに答えるために、これからの人生の「暇つぶし」があるのかもしれません。

禅の教えに繰り返し出てくるように、人は一人で生まれて、一人で死んでいきます。忙しく生きていく人も、ゆっくりと生きていく人も、ただそれぞれに与えられた一生の「時」を過ぎていくだけなのです。

人生の中で出会った人たちに、「ありがとう」の感謝を感じられる幸せな生き方・死に方、つまり当たり前のことを「自覚」すること、それが禅の教えの真骨頂でもあり、「極上の暇つぶし」の極意だと私は信じます。

私はこの「自覚」の大切さを、70歳になった今日、今まで以上に痛感しています。日常生活の中にある、こうした「自覚」につながるヒントをお伝えしたいと考えて、この本をまとめました。70歳になった私のこの時点での気づきを、禅の教えの助けを借りながら、「70歳の禅」として全体にちりばめたつもりです。

潮干狩りの熊手で一つずつハマグリを見つけるように、ちりばめてある「極上の暇つぶし」の極意を、「心という熊手」で拾ってみてください。もしかしたら、その中に貴方にとって光り輝く宝石になるものが見つかるかもしれません。

令和5年6月

石毛《いしげ》泰道《たいどう》

目次

序章

人生は死ぬまでの暇つぶし

1章

「童心」でほのぼの暇つぶし
——年をとっても「無邪気」が人生を生かす

2章

「動心」でどきどき暇つぶし
——何気ない「気づき」で人はよみがえる

3章

「道心」でほっこり暇つぶし
——結局一番楽なのは「自灯明・法灯明」の教え

編集協力／アイ・ティ・コム
DTP／美創
ブックデザイン／幻冬舎デザイン室

＊なお本書には、出版の趣旨に深く共鳴してくださった中国の著名な書家・陳梅璋《ちんばいしょう》氏から寄せられた貴重な揮毫《きごう》を多数収録した。陳氏は近代有数の能書家・教育者であった沈尹黙《しんいんもく》（１８８３〜１９７１。元・明・清を越えて宋の四家の一人。数百年書家として右に出るものがないと言われている）の最後の内弟子。中国を代表する書家として世界的に評価されている。２０２３年３月26日他界。本書への揮毫は期せずして日本における最後の作品となり、遺作に当たるものとしても注目される。

◎あなたはこの白いページに何を書きますか？

最初から驚かせてすみません。何もない白いページが4ページもあって面食らったでしょう。でも、決して印刷ミスではありません。

本書を開いてくださったあなたに、まず何にもないページを見ていただき、この空白を見ながら何でも、具体的なことでもぼんやりしたことでも、何でもいいですから、思いを巡らしてみていただきたいのです。

何にもないと言いましたが、本当に何もないでしょうか。

まず紙があります。紙の上に空白があります。もしかしたら、この「空白」だけで何かを訴えることもできるかもしれません。かつて『白い本』という何も印刷されていない一冊の本が出版されて話題になったことがありますが、この何もない状態というのは、さまざまな想像を掻き立てて楽しいものです。

そしておそらく次には、ここに何か書いてみたくなるでしょう。禅に関心のある人の中には、「円相」といって丸を一つだけ描く人もいるかもしれません。

文字でも絵でも記号でも、何でも書いてみてください。何と酔狂な、もの好きな人と思われてもいいではありませんか。「よほどの暇人なのだなあ」と思われたら最高です。「よほどの暇人」、大いにけっこうです。ここにはまさにあなたの「暇」があると思います。そのページで何かをすることは、「暇つぶし」です。

どんな「暇つぶし」ができるでしょう。人によっていろいろ、まさに千差万別の「暇つぶし」があるでしょう。私はこの「暇つぶし」こそ、人生の過ごし方に通じると考えます。そして、「人生とはしょせん死ぬまでの暇つぶし」と考えると、ずいぶん生きるのが楽になるような気がしませんか？

私はお葬式のお通夜や告別式の場で、「生者必滅」や

「無我」という話をします。

誰であろうとこの世に生を受けたものは、その命に上下はなく、私たちにとって最も重要な資源「時間」が刻まれています。1回きりのぶっつけ本番の長短の人生があるだけです。

私は弔問で訪れた方々に次のような質問をします。故人はどんなものを天（キリスト教は天国、仏教は天と言う）に持って行けると思いますか？ 身の回りの物、自分名義の家、車、株、銀行にある預金などはどうでしょうか？ また労苦や喜びとともに摑んだ名誉や地位はどうでしょうか？ そしてご自分の体はどうでしょうか？

では、ここであなたに問います。

人間は、亡くなったら天に何を持って行けると思いますか？ ぜひこの白いページに書いてみてください。

次に、もし天に持って行けるものがあるとするならば、あなたは何を選びますか？　同じようにこの空白のページに書いてみてください。
そして、天に行くまでのあなたにとって、「極上の暇つぶし」とは何ですか？
これも白いページに書いてみてください。

◎白いページに「円相」でもいかが？

この「白いページ」に描くものとして、禅の立場からすぐ思いつくのが先ほども述べた「円相」です。何も考えず無念無想になって、白い紙にただ一つの円を描く。ただそれだけのことですが、先日、思いがけないところでこの「円相」を見かけました。

ある私鉄沿線の居酒屋で、看板にこの円相が描いてあるのです。じつは店の名前が「〇（まる）」と言い、地味な店ですが、なじみの客が和やかに談笑できる場所のようでした。

もしかしたら、店主は禅が好きで「円相」を知っているのかもしれないと聞いてみましたが、「いえいえ、そんなたいそうなつもりはありません。皆がまろやかに和めればと思っただけですが……」と言っていました。でも、その言葉がそのまま、「円相」の意味を物語っているのではないでしょうか。

「円相」とは、禅における書画の一つで、円形をひと筆で描いたもの。「一円相」とか「円相図」などとも言います。

悟りや真理、仏の心などを表現したものと言われることが多いのですが、私は、そんな小難しいことはともかく、円相を見て心に何か穏やかなものを感じられればいいのではないかと思います。

「円満」とか「円卓会議」とか「円滑」などなど、始まりも終わりもなく、角張ったところもない「円」には、争いも序列もない平和な要素が感じられるからです。

それは、仏教的なこだわりのない、執着から解放された「空」に通じるものがあるのです。「円相」を「円窓」と書いて、自分の心を映す窓とする解釈もあるのは、まさに「空」の世界を覗くためのものであるようです。

実際に今まで多くの禅僧が、「円相」を描き遺していますが、傍らに「円かなること太虚の如し」とか「天上天下唯我独尊」などの言葉が添えられているものもあります。このように画に添えられる言葉を「賛」と言います。

よく挙げられる有名な「円相」には、沢庵和尚（沢庵宗彭《そうほう》）や白隠慧鶴《えかく》、それに仙厓義梵《ぎぼん》などのものがあります。

沢庵和尚のよく知られる円相図は、手書きで描いたものとは思えないほど正確で端正な円形になっています。白隠慧鶴の円相図は、沢庵和尚のものとは大きく違っていて、端正と言うよりは豪快な感じで力強さを感じさせます。

仙厓和尚の円相図は、無造作に描かれ、賛に、「これくふて御茶まいれ」とあります。円相を饅頭か大福か、何か円い茶菓子にたとえたのでしょう。

いずれも味わい深いものですが、私はやはり「人生は暇つぶし」の境地から言っても仙厓和尚の円相図を気に入っています。仙厓和尚は、円相だけではなく、じつに心の和む、思わず微笑んでしまうような絵もたくさん描いています。

江戸時代にしては長生きだったようで、70歳を過ぎたころ、「厓画無法」と称して自由奔放な絵を描き始めました。その絵に相応しく自由気ままな人だったらしく、多くの人に好かれていたそうです。

あまりに多くの人が訪ねてきては絵をせがむので、「うらめしや　わが隠れ家は雪隠か　来る人ごとに　紙おいていく」という狂歌を遺しています。雪隠とはトイレのこと、和尚の人柄が偲ばれます。

代表的な絵は、老いて呆《ぼ》けたような老人を大勢描いた「老人六歌仙画賛」ですが、書かれている文章が面白いので、紹介しておきましょう。

——しわがよる　ほくろができる　腰曲がる　頭がはげる　ひげ白くなる　手は震う　足はよろつく　歯は抜ける　耳は聞こえず　目は疎《うと》くなる　身に添うは　頭巾　襟巻　杖　眼鏡　たんぽ　おんじゃく　しゅびん　孫の手　聞きたがる　死にともながる　淋しがる　心が曲がる　欲深くなる　くどくなる　気短になる　愚痴になる　出しゃばりたがる　世話焼きたがる　またしても同じはなしに　子を誉める　達者自慢に　人は嫌がる——

よくもまあ並べたものですが、年寄りが年寄りを笑う、こだわらない境地が感じられます。

それも年配者の特権ですから、白いページの一興としては先ほどの「円相」を自由気ままに描いてみるのもいいでしょう。そして思いつくままの言葉も連ねて、「暇つぶし」をしてみてはいかがでしょうか。

ちなみに、この文章にある「たんぽ」とは「湯婆」と書き、酒を温める器のこと、「おんじゃく」とは「温石」と書き、今で言う湯たんぽのことです。「しゅびん」はおわかりと思いますが「尿瓶」です。「酒瓶」ではありません。

◎「暇」とは禅で言う「無」か「空」か

「暇」と言っても人によって受け取り方はかなり違います。忙しさに追われている人にとっては「暇」は羨ましいものでしょうし、逆に時間を持て余している人にとっては「暇」は煩わしいものでしょう。

理屈を言えば、「暇」とは人生の空白のページ。空白とは何もないことだと言われますが、「禅」では、「空」と「無」は違います。

何もないように見えるページは、「空」白ですが、「無」とは違うような気もします。どなたも一度は聞いたことがあるでしょうが、『般若心経』に「色即是空」という言葉があります。一言で言うと、これは「すべての物質的現象には実体がない」という意味です。

実体がないと言われると、そこには何も存在しない、この世のすべては無であり空しいものだと思われるかもしれません。

しかし、インドの大乗仏教の祖と言われ、「空」の思想を哲学的に位置づけたナーガールジュナの『中論』に則って私流にご説明すると、次のような解釈ができます。

「色即是空」の「空」は、「無」でもなく、空しいもの（価値がなく無駄なもの）でもなく、ゼロということです。ちなみに、「空」はサンスクリットの原語では「シュニヤタ」と言い、これは数字の「ゼロ」のことです。「空」とは、無でも有でもなく、右でも左でも真ん中でもなく、上でも下でもなく、どれでもいいし、どれもがいい、要するにどうでもいいということなのです。

このあたりが一神教のキリスト教世界と違うところであり、仏教では、キリスト教でよく議論される神の存在は問題視されません。

神も仏も存在することはないが存在しないとも言えない、どちらとも言えるし、どちらとも言えないということです。要するに、そうした問題そのものが存在せず「ゼロ」なのです。

そうした問題に悩むことは煩悩・邪念・執着のなせるわざというのが仏教の立場です。存在しない問題に悩み迷うことをやめれば楽になり、この世は極楽になるというわけです。

さらに言えば、自分の心が空っぽであれば、自分の心に湧き起こる無数の感情を、ありのままに受け入れ、心を満たすことができるという解釈も成り立つでしょう。

そしてこの「空っぽ」は「暇」に似ていませんか？

禅の世界などでよく「悟る」ということを言いますが、難しく考えなければ、この「空っぽ」は「悟る」と同じと言ってもいいかもしれません。

悟れば生きるのが楽になる、心が空っぽになればやはり楽になる、だとすれば「悟る」とは「心が空っぽ」つまり「心の暇」であり、「極上の暇つぶし」とは、一種の「悟り」なのだとも言えそうです。

「暇」という漢字は「ひま」のほかに「いとま」と読みます。「いとま」を辞書で調べると、じつに多彩な意味が出てきます。

たとえば『広辞苑』にはこうあります。

①休む間。用事のない時。ひま。②それをするのに必要な時間のゆとり。③休暇。④辞職。致仕。⑤喪にひきこもること。⑥別れ去ること。離別。また、そのあいさつ。⑦奉公を免じて去らせること。解雇。⑧離婚。離縁。⑨隙間《すきま》。隙《ひま》。

大別すると、「ひま」という時間的な空きのほかに、人や組織との空きとしての「別れ」、そして空間的な空きで「隙間」のことを指しているようです。

ここからも言えるのは、「暇」とは何らかの意味での「空き」ですから、その空きを埋めるのが「暇つぶし」ということになるでしょう。


では同じ「暇つぶし」でも最高のもの、「極上の暇つぶし」とはどんなものか。

私は、それを知ることこそ、とくに人生の後半、60代、70代からの人生をより楽しくすることにつながると思うのです。

さて、あなたは冒頭の白ページを前にして、どんなことを思われましたか？

そして、そのページを使ってどんな「暇つぶし」をしようとされましたか？

行間の「間」や白紙答案には、思わぬ価値がある

本書に印刷された文章でもそうですが、私たちの書く文章の行間に、文字はありません。この行間は空白と言えるでしょう。目で見る限りこの空白からは何か

を読み取ることはできません。

しかし、行間や言葉の「間《ま》」というものには、じつは大きな意味があることが少なくありません。「間抜け」という言葉がありますが、語源的には「間が抜ける」「拍子抜けする」「調子が崩れる」「テンポが合わない」など、大切なことが伝わらないということです。

俳優や朗読者、落語家などにとっては、この「間」が最も難しく、そして重要だといいます。「まえがき」でも触れた女優の樹木希林さんは、「感動や可笑《おか》しさを生むのは間である」と述べていました。

この「間」に関する樹木さんの先生は、実父の薩摩琵琶奏者・中谷襄水《じょうすい》でした。琵琶と語りの絶妙な間の感覚は、親から子へ生活を通して伝えられていったと樹木さんは述べています。これも空白ですが、ただの空白ではありません。

このように見てくると、白いページには、最初想定した以上の意外な可能性の広がりを感じます。

今年のはじめ、朝日新聞の「天声人語」でこんな話を読みました。

——息子が小学2年のとき、母は答案用紙を教師に見せられた。白紙。生き物好きの彼は、モンシロチョウの生態についての問題文に夢中になってしまい、そのまま時間切れに。本紙「ひととき」欄へのそんな投稿が記憶に残っている。ほほえましく思いつつ、わが子だったらどうしたかと考えた。個性は大切にしてほしい。そして、テストでもそれなりに点数をとってほしいというのが、ぜいたくで平凡な親心だろう。——

（2023年1月14日　朝日新聞「天声人語」）

おそらく国語の試験か何かで、長い問題文の中にこの子の好きな生物の話が出てきたのでしょう。この子は、自分の好きなモンシロチョウの話に夢中になってしまい、肝心の試験の設問に答える時間がなくなってしまったのでした。

この子が先に設問に目を通していたら、白紙答案にはならなかったかもしれません。この子はモンシロチョウの話に目を奪われました。そして自分の知識のあれこれと照らし合わせ、しばし生き物の世界を探索したのに違いありません。

そう思うと、私はこの白紙答案に「満点」をつけたい気持ちになりました。

この答案用紙にはたしかに何にも書いてありません。しかし、ほかの子が型にはまった解答を書いている間に、この子の頭脳はそれをはるかに上回る豊かな連想を、この白紙の裏で繰り広げていたのだと思います。

あなたもこの白紙という空間に託された可能性、白紙に託して過ごす時間、「暇つぶし」の意味について考えなおしてみませんか？

◎「極上の暇つぶし」は3つの「どうしん」で

人生がどうせ「暇つぶし」なら、その人生の仕上げには、「上等の暇つぶし」「極上の暇つぶし」をして過ごしたい。そしてその方法には、さまざまな考え方があると思います。

古代インドの考え方には、人生を４つの時期に分けた「四住期」というのがあります。

1　学生期《がくしょうき》　8歳から25歳頃。
2　家住期《かじゅうき》　25歳から50歳頃。
3　林住期《りんじゅうき》　50歳から75歳頃。
4　遊行期《ゆぎょうき》　75歳から人生の終わりまで。

本書の読者の多くは、この中の「林住期」「遊行期」に当たると思います。まさに人生の充実期であり、仕上げの時期でもあることがわかります。

この時期の生き方として、たくさんあるいろいろな方法や考え方を突き詰めていくと、私は3つの方向に整理されると考えます。

つまり「極上の暇つぶし」は、次の3つの「心」、いずれも「どうしん」と読める3種類の「心」で手に入れることができると思い至ったのです。

その第一は「童心《どうしん》」です。読んで字のごとく、「わらべの心」「稚気《ちき》溢れる」などというときの、無邪気で悪気のない純粋な心のことです。

この「童心」には同時に、同じ読みを持つ「憧」の字を使った「あこがれの心」「憧心」の意味合いも含まれるでしょう。

我を忘れて夢中になるという意味では、よく禅で言う「三昧《さんまい》」の境地にもつながるでしょう。

この「童心」「憧心」を持つことによって、私たちの人生は楽しい喜びに満ちた「暇つぶし」になり、その「遊び心」は自分だけでなく、周囲の人も楽しく動かすことでしょう。

第二には「動心《どうしん》」です。これも読んで字のごとく、「動く心」「動かされる心」、感動して喜びに打ち震える心のことです。

この「動心」にも、同じ読みの「瞳《ひとみ》」の字を使った「瞳心《どうしん》」、五感を研ぎ澄ますように「聞こえる」ものを「聞く」、「見える」ものを瞳でしっかり見る「気づき」が含まれるでしょう。

この「動心」「瞳心」を持つことによって、私たちの人生は未知との遭遇のような感動に満ちた「暇つぶし」になります。そこには、今まで見落としていた新たな「気づき」がたくさん見つかり、今までの自分と違った自分を発見できるでしょう。

長い人生における「気づき」の中で最大のものは、過去や未来のことでなく「今」そのものの大切さに気づくことで、禅で言う「而今《にこん》」に通じる心とも言えましょう。

そして三番目が「道心《どうしん》」です。これはまえの2つの「どうしん」に比べるとすこしわかりにくいかもしれませんが、自分の道を見つけ、認める心のことです。

ここには同じ読みの「導」の字を使った「導心」、「導かれる心」「導く心」の意味も含まれてくるでしょう。

人間としての己の人生を、結局、本当の意味で一番楽にするのは、「自灯明《じとうみょう》・法灯明《ほうとうみょう》」という禅の考え方だと私は思っています。これは3章で詳しくお話ししますが、一言で言って自分をよりどころにし、人のせいにはしない生き方と言えます。

己の人生に何があろうが、結局は自分の道であり、そこに導かれていると考える「道心」「導心」で、きっとあなたも「極上の暇つぶし」ができるに違いありません。

以下、序章に続くこの3つの「どうしん」の章によって「極上の暇つぶし」を探していきましょう。

序章

人生は死ぬまでの暇つぶし

◎「なぜ、しゃかりきに働くの？」虚を衝く落語のオチ

本書を開かれたあなたは、今、何歳でしょう。そして過去の人生をどんなふうに過ごしてこられましたか？　これまで長かったと感じているでしょうか、それとも短かったなぁーと感じているでしょうか。

どんな生き方をしてきたか考えるとき、いつも思い出す話があります。「落語」の枕に使われる一節です。

舞台は江戸時代の長屋、登場人物は常連AさんとBさん、Aさんは律儀な働き者なのですが、Bさんは怠け者でいつもブラブラ、暇さえあれば寝ています。

そんなBさんを見るに見かねたAさんが、「寝てばかりいたらダメだよ、もっと働かなきゃ」と説教を始めました。

Bさん　「働くとどうなるんだい？」

Aさん　「バカだな、そんなこともわからないのかい？　働けばたくさん稼げ

るじゃないか」

Bさん「なるほど、Aさんは頭がいいね。それで、たくさん稼ぐとどうなるんだい？」

Aさん「銭がたくさん入るだろう」

Bさん「そうするとどうなるんだい？」

Aさん「そうすれば、楽して寝て暮らせるだろう」

Bさん「そうか、だったら俺は今のがいいや」

それなのに、みんなどうしてしゃかりきに働くの？　と問い返されているようで、思わず笑ってしまう「オチ」ですが、私はこれを聞いて、これは人生そのものの「オチ」だなと、とても興味深く思いました。

そうかと思うとこんな話もあります。

ある男が言った。

「あの橋のたもとで釣りをしている男がいてねー。朝早くからずっとほかに何をするでもなく、夕方までじっと釣りをしているんだよ。まったく暇なやつがいるもんだよ」

しかし、それを聞いた別な男が首を傾げた。

「で、それをなんで知ってるんだい？」

「ずっと見ていたからさ」

「暇人だなー」と人を冷やかす当人が、じつはそれに劣らない暇人で、結局、お互い暇を楽しんでいた、というオチです。

人生に対するこうした感覚には、古今東西、共通するものがあるらしく、じつは外国にも似たような話があります。先ほどの落語で言えば、Aさんがエリートビジネスマン、Bさんがのんびり屋の漁師に変わっていますが、筋書きは同じようなものです。

もちろん、決して「働くな」とか「働くのはばかばかしい」などと言っているのではありません。おそらく、楽しみを忘れてあくせく働くばかりなのはどうかなーと、茶々を入れているのです。

漫画『ピーナッツ』に登場する犬のスヌーピーも、「なんてすばらしい日なんだ」と言われて、「こんなすばらしい日には起きてだめにしてしまわないようにベッドに入っているのが一番いい」と言っています。

この境地は、何となく禅の考えにも通じるものがあり、スヌーピーの言葉に禅語を引用した本も出版されているくらいです。

「ダラダラ寝て過ごす」ことを時間の浪費と考えてはいけません。これを、禅では「日常の起き臥しすべて神通妙用《じんづうみょうゆう》」と言います。つまり、日常の起き臥しすべてが仏の奇跡に満ちているということです。

上司に叱咤激励され、自分に鞭打って仕事に邁進している人も多いと思います。そういう方々に、私は、ときどきこういう話を思い出し、そしてふっと息を抜いていただきたいと思うのです。

◎「100年なんてあっという間」

昔から、老後の生き方を問う本はたくさん出版されています。しかし、最近出版されている同種の本は、対象年齢が大幅に上がってきているのです。つまり、60歳の定年後の生き方を問うていたものが、80歳をどう超えるかなど、後期高齢者が対象になってきているのです。寿命が延びるにつれて、その生き方に戸惑っている人が多いということではないでしょうか。

長生きになったのはいいのですが、そのせいで増える認知症や老化疾患、老後資金の悩み、さらには地球規模で広がる気象不安や大災害、感染症のパンデミック、そして世界大戦にもなりかねない戦争への不安など、私たちの周囲は単純に長寿社会を喜べない現実に満ちているのです。

そんな中で、私たちはいやでも生と死の問題に向き合うことになり、人間とはいったい何なんだろうとか、生きるとは何なのかなど、その意味を考えることが多くなったような気がします。

こんな場面では、よく「プラス思考で」とか「前向きに」などと言われますが、もうそんなふうにしゃかりきになることにも疲れた人が増えているのです。

人生は100年時代と言われていますが、人類の歴史からみれば私たちの人生は点にもならないほど短いのです。短い人生、不安を抱え悩みながら生きるのはつまらないと思いませんか。

100歳直前で亡くなった瀬戸内寂聴さんも、「100年って長いようであっという間よ。一瞬だった」（2022年1月12日　朝日新聞）と言っています。瀬戸内さんだけではなく、世の中のほとんどの高齢者が同じことを言っているようです。

私も今年で70歳、人生を振り返る年齢にすでになっています。

ですから、今さら構えても仕方がないと思っています。肩の力を抜いてもいいのではないかというのが正直なところです。

禅の原点とも言われる『修証義《しゅしょうぎ》』は、道元禅師の『正法眼蔵』から文言を抜き出したものですが、その第五章「行持報恩」の第三十節にも「光陰は矢よりも迅《すみや》かなり……」の言葉があります。

「光陰」の「光」は太陽、「陰」は月のことで、合わせて年月のこと。

以下、現代語訳です。

「年月が過ぎるのは矢よりも速く、我々の命は朝露よりもはかない。どんな方法を使っても、一度過ぎ去った年月を元に戻すことはできない。意味もなく生きた百年は悔やむべき人生であり、悲しむべきである。

しかし、そのような百年の中に一日でも正しく生きたのなら、無駄に過ごした百年を取り戻すだけでなく、更に百年の正しい人生を過ごしたことに等しい。この一日は尊ぶべきであり、意味がなく過ごした百年も尊いものとなり敬愛すべきだ。我々が仏の道を歩めば、我々を通して仏がこの世に姿を現す。すなわち一日の修行は仏の種となり、仏の修行そのものである」

人生とはしょせん上等の暇つぶし

以前、何かで読んだのですが、前出の瀬戸内寂聴さんの師である今東光《こんとうこう》氏が言った印象的な言葉があります。

それは、「人生はな、冥土までの暇つぶしや。だから、上等の暇つぶしをせにゃあかんのだ」というものです。

これを聞いた人は誰でも気持ちが楽になるようです。もちろん、私もその一人でした。

この「暇つぶし」の「暇」に着目して言葉探しをしてみると、いろいろな発見があるのですが、私は、その一つに「学校」＝「暇」というつながりを見つけてしまいました。

学校を意味する言葉は、英語ではschool、フランス語ではécole、ドイツ語ではSchule、イタリア語ではscuolaですが、語源は古代ギリシャ語skholeで、その意味はなんと「余暇」つまり「暇」なのです。

学校での時間を使って勉強すること＝暇つぶし、そう考えると、勉強にも気楽に取り組めそうです。

関連して思い出すのは、中国北宋の文人政治家・欧陽脩《おうようしゅう》の言葉です。

「余、平生作るところの文章、多くは三上にあり」（『帰田録』序文）

この三上とは、馬上、枕上、厠上の3つのことです。つまり、「文章を作るのに最もいい場所は、馬に乗っている馬上、寝ている枕上、トイレに入っている厠上だ」と言っているのです。

いずれも、いい「暇つぶし」ができそうな場所だと思いませんか？

◎若いときの秀才も美人も70歳になれば……

高齢になって高校や中学の同窓会に参加すると、若いときはいろいろあった人生の浮沈に関係なく、皆横並びに見えることがありませんか？

学生時代あれほど優秀だった彼も、クラス一の美人でマドンナともてはやされた彼女も、今ではごく普通のオジサン・お爺さん・オバサン・お婆さんになっています。ですから、かつて優劣を競ったことも、マドンナをめぐってけん制しあったことも夢のまた夢、幻と化してしまいます。

中には大臣や大学教授、大企業のトップにのし上がった人もいるでしょう。一方には平凡なサラリーマンで定年を迎えた人もいます。しかし、そういう境遇の違いもこの年になると、お互いにたいていのことは察しがつきます。大臣になってもいいことばかりではありません。大企業の経営者には平凡なサラリーマンにはありえない苦労があるでしょう。逆に平凡なサラリーマンにもそれなりに、その人の人生には人に話せないような苦労もあれば、喜びもあったはずです。

卒業後、何十年たってもこうした同窓会・同期会がすたれないのは、こうした違う人生を歩んだそれぞれが、それぞれの肩書や境遇を捨てて、「おれ・おまえ」で話ができるからだと思います。

日本資本主義の父と言われる渋沢栄一は、何年かまえの大河ドラマの主人公にもなって再び注目されましたが、彼が有名な著書『論語と算盤』の中で繰り返し言っているのは、成功の度が大きいほど世の世話になっているということでした。

したがって、本当の成功者はそのことをわきまえて、むしろ世のために恩返しをしなければいけないと言っています。

その成功の大半は、今まで世話になった人たちのお蔭であり、事業がうまくいって、大金持ちになれたのも、そういう他人の協力があったからこそ、そういう地位にいられるのです。

たまたま自分がそうなれたのは、よく言われる「天の時と地の利と人の和」があったからだと、本当に偉い人はわかっているということでしょう。

◎無料なのに値付けできないほど価値があるもの

私たちがこうした人生の曲折を痛切に感じるようになるのは、まさにこれが「時」の流れのなせるわざというものでしょう。

時間というのは不思議なものです。子どものころは、朝起きて食事して、遊んで笑って叱られて寝て、と一日が長く感じられました。年を重ねると時は駆け足で過ぎ去っていき、同じ時の刻みであるはずなのに、ずいぶん違って感じられるものです。

最近、時間に関してハッとする言葉に出あいました。

――「それは無料だが、値段がつけられないほどの価値がある。自分のものにはできないが、使うことができる。そして、いったん、失ってしまえば、二度と取り戻すことはできない」米国の有名なビジネスマンの言葉だそうだが、「それ」とは無論、時間である。――

（2023年5月10日　東京新聞「筆洗」）

ギリシャ語には「時間」を表す語が2つあります。

年・月・日・時・分・秒のように時計で計れる量的・物理的な時間を「クロノス」、それに対して一度だけで二度と訪れない決定的な瞬間、質的な違いを含む時間を「カイロス」と言います。

つまり、クロノス時間は機械的な時間の流れ、すなわち一定の客観的な時間を表し、カイロス時間は、個人の主観次第で変化する時間のことです。

人間にとって、どちらも大事なものですが、すべてがめまぐるしい現在、私たちはクロノス時間にばかり偏り、カイロス時間を軽視しているのではないでしょうか。

漠然と送っていた時間を、かけがえのない一度きりの機会であると意識を切り替え、もっとカイロス時間を意識することによって、今を大切に生きることができると思います。

カイロス時間は時により人により変化するものであり、時間の感覚とは不思議な代物だなと思います。

このカイロス時間を多く持てた人間こそが、今東光氏の言う「上等の暇つぶし」ができた人間と言えるのかもしれません。それが自覚できたとき、同窓会でお互いが横並びに見えたとしても、自分の人生は「上等の、極上の暇つぶし」だったと満足できるような気がします。

◎外国では「暇つぶし」は「時間殺し」か「気晴らし」

面白いことに外国語でこの「暇つぶし」「暇をつぶす」を調べてみると、ほとんどの言語で「時間を殺す」「時間殺し」という表現になります。

フランス語で「暇をつぶす」は、「チュエ・ル・タン」(tuer le temps)で、tuer が「殺す」、le は定冠詞、temps が「時間」です。

イタリア語では、「アンマッツァーレ・イル・テンポ」(ammazzare il tempo)で、ammazzare が「殺す」、ポルトガル語では「マタル・オ・テンポ」(matar o tempo)で matar が「殺す」、英語でも「キル・タイム」(kill time)です。

ドイツ語では「ツァイトフェアトライプ」(Zeitvertreib)が「暇つぶし」に当たるでしょうが、Zeit が「時間」、vertreib の元の動詞 vertreiben は「追い出す」とか「払いのける」ですから、「殺す」(töten)とはすこしニュアンスが違いますが、まあ同義と見ていいでしょう。

東洋でも中国では、簡体字で「打发时间」(ダーファシジアン、打発〈髪〉時間）とか「消磨时间」（シーモシジアン、消磨時間）で、「時間をつぶす」「時間を消費する」という意味ですから、これも「時間を殺す」に近いでしょう。

これらに対して「暇つぶし」を、時間を「殺す」ほど強い意味でなく、「気晴らし」とか「退屈しのぎ」「娯楽」といった気楽な「時間の過ごし方」で言う場合もあります。

それには「殺す」の代わりに「過ごす」（pass）という意味の語が使われることが多いようです。おっとり構えることが肝要と考えます。先ほどの「時間を殺す」の「殺す」には「悩殺する」という表現があります。つまり、時間を魅力的で素敵なことと捉えているのです。

フランス語で「パス・タン」（passe-temps）、イタリア語で「パッサテンポ」（passatempo）などですが、パスカルの『パンセ』に出てくる「人生の気晴らし」という意味では、「ディベルティスマン」（フランス語、divertissement）が使われていて、こちらはより「楽しみ・娯楽」の意味が強そうです。

クラシック音楽に「ディベルティメント」という食事や娯楽の場で演奏される

音楽がありますが、これは「嬉遊曲」(喜遊曲)と訳されています。

このように見てくると、「人生とは死ぬまでの暇つぶし」とは言ってもその「暇つぶし」にはいろいろなニュアンスがあり、なかなか奥深いものも含んでいるような気がします。

一説によれば、人間がこうして時間にとらわれるようになったのは、文明文化の発展が著しい17世紀のヨーロッパ、先述のパスカルのころからであり、19世紀のボードレールに至って、その傾向はよりはっきりしたようです。

現代人の宿命かもしれないこの時間へのとらわれから自由になり、「人生は死ぬまでの暇つぶし」と割り切って、まずは忙しすぎる多くの現代人の皆さんに、何にもない時間、白いページに心を遊ばせて、自由気ままな時間のスタートを切っていただきたいと思います。

◎「時間をつぶす」まえに「時間につぶされる」日本人

たとえば、スーパーマーケットへ買い物に行ってレジに並ぶとき、各列を見比べて、先客の年齢やカゴの中身の量を見て、どの列に並ぶか迷いませんか。中身が少ない人や若い人の後ろに並べばすぐ済むだろうと、それが選択肢になります。ところが、少ない買い物でもレジでもめたり、若いのに意外と要領が悪かったり、逆にお年寄りのほうがさっさと済ませていたりと、予想外のことが起きてイライラしたことは、どなたにも覚えがあることでしょう。

店のほうも気を遣って、「お待たせしてすみません」と謝りながら、閉まっていたレジを開けたり、空いているレジに誘導してくれたりすることもしばしばです。

じつは、このようにイラついたり店側が気を遣ったりというのは、日本特有のものだと思います。アメリカではどんなに並んでいても気にしないようですし、もちろん、店員の口から謝罪の言葉が出ることもありません。

スーパーだけではなく、レストランのレジ係がいなくて勘定を待たされることなどアメリカでは当たり前で、別のスタッフが暇そうにしていても、「担当ではないので担当者が来るまで待ってください」と言われるそうです。車の渋滞でも、煩雑に車線変更をしたり割り込んだりと、すこしでも早く到着しようとするのは、ほかの国の人に比べ日本人は多いようです。

さらに気になるのは、電車の遅れについてのアナウンスです。わずか2、3分遅れただけで、「ご迷惑をおかけしてまことに申し訳ありません」と恐縮しきったような放送が流れてきます。

聞くところによると、新幹線の場合、1時間に最大14本走らせる緻密なダイヤは15秒単位で予定が組まれていて、私たちが見る時刻表は分単位で書かれていますが、新幹線関係者の見る時刻表は15秒単位で書かれているそうです。

このように、待ち時間や遅れにこだわるのは、もしかしたら日本人に特有なのかもしれません。多くの日本人は「貴重な時間をつぶされた」と思うのかもしれませんが、むしろ「日本人が時間につぶされている」と言えるのではないでしょうか。

時間を大事にしているように見えながら、じつは時間に追われて余裕をなくし、いい時間のつぶし方を忘れている、そのことに気づいてもらいたいのです。

また、もしかすると、私たちには時間を自分が所有し、思い通りにできるという思い込みがあるのかもしれません。だから思い通りにいかないと苛立ちや苦しみが生まれるのです。

こんな話もあります。過去、ペストの大流行により大学が閉鎖され田舎で仕事をしていた、当時23歳だったイギリスの科学者ニュートンは、リンゴの実が木から落ちるのを見て、万有引力の法則を発見しました。

2度にわたる1年半もの長い休暇の間に、ニュートンは万有引力の他にも微分積分法・プリズム分光実験などの生涯最大の業績となる研究に取り組みますが、それらはこの疫病の功とも言われているのです。

この万有引力の法則発見の話は、フランスの啓蒙思想家・ボルテールの作り話という説もありますが、どちらにせよ、疫病によって何もできない時間に余裕が生まれたことが、この大発見に大いに役立ったと言えそうなのです。

ボケたようなお年寄りにも心を動かす時間がある

こうして偉大な学者にも影響を与えた時間の使い方を見るにつけ、私たち一人ひとりの人間にとって、とくに人生の終盤期における「時間」は大切だと思います。

厚生労働省は2020年の時点で、65歳以上の認知症の人は国内約600万人、25年には約700万人、高齢者の5人に1人になると予測しています。

認知症は本人や家族も苦労し、悲観したり嘆いたりするように思えます。しかし、認知症でも楽しい時間を過ごす人生があると思っています。それは、認知症の方ご本人が一番生き生きしていた時代に戻ることです。

認知症はかつて「老人性痴呆症」とか「惚《ぼ》け」と呼ばれていました。

しかし、「惚《ぼ》ける」は「惚《ほ》れる」と同じ字であり、単なる「呆《ぼ》ける」とは違うということの実例として、私にはこんな経験があります。

私はじつは若いときに介護士の資格を取りました。その資格を取るための実習をしたとき、いろいろなお年寄りと出会いました。まさに「惚けている」お年寄りたちもいらっしゃいました。

その中に、以前から知り合いであった「いくさん」というお年寄りがいました。彼女は介護施設に入ってほとんど寝たきりになり、認知症が進んでいました。私が声をかけても、まったく反応しなくなっていました。

ところが、いつも昼を過ぎたころ、テレビで再放送していた『水戸黄門』のテーマ音楽が流れ始めると、突然起き上がります。とことことテレビのある食堂へ行って、テレビの前に鎮座し、見終わると、部屋に戻ってまた寝てしまうのです。

頭も体もスイッチオンするのは、昔夢中で観た『水戸黄門』の記憶が鮮やかによみがえるからです。これはまさに『水戸黄門』に「惚ける＝惚れる＝夢中になる」状態になったことにほかなりません。

いくさんは、『水戸黄門』でしたが、「惚れる」対象は人それぞれで、縫い物や編み物に夢中になる人もいます。お茶碗を丁寧に繰り返し洗ったり、念入りに掃除をしたりと、どのお年寄りも「惚れる」ものがあれば生き生きと活動するのです。

また、あるお年寄りとは、童謡を通じて仲良くなりました。彼女は80代で、やはりベッドに寝たきりでした。もちろんトイレに行くことはできないので、私が「おむつを替えましょう」と言うと、足をぎゅっと閉じてしまって替えさせてくれません。私が男だったからだということは多分にあったと思います。

ところがある日、彼女が椅子に座っているとき、私が何気なく「♪かーらーす、なぜなくの……」と歌い始めると、彼女も歌い始めました。そしてその後、「おむつを替えましょうか」と言ったら替えさせてくれたのです。彼女もまた懐かしい童謡に「惚れて」「夢中になって」私に心を開いてくれたのです。

こうした体験から私が知ったことは、どんな環境に置かれても、毎日を楽しく過ごすことができるということです。

年をとると子どもに返るとよく言います。子どものような心で、生き生きと自分の生活を取り戻すことができるのであれば、「惚けた」人生も案外悪くないのかもしれません。いい人生を取り戻すことができるからです。

そういう意味で、私の言う「暇つぶし人生」とは「いい時間を過ごす人生」と言えそうです。「暇つぶし」とは、決して「時間を粗末にする」という意味ではないのです。

むしろ「時間を楽しむ」と捉えたらどうでしょう。ゆったりだけが幸せではなく、忙しくても、ゆったりでも、どんな時間であれその過ぎ行く時間を「楽しむ」つもりになれば、人生はいい暇つぶしになると思うのです。

人生100年時代を迎えるにあたって、誰もが「惚ける」可能性を持っています。しかし、環境さえ整っていれば、幸せを感じながら人生の最期を迎えることができるのではないでしょうか。

もちろん、介護に疲れて「惚けた」人を怒りたくなることもあると思います。しかし、「惚けた」人は、何もかもがわからなくなるわけではありません。対応の仕方によって、心を動かすときがあるということを、私たちはもっと知るべきでしょう。

そして、それは、介護をする側にとっても幸せな時間になるはずです。おむつを替えさせてもらえたことは、少なくとも私にとっては、とても嬉しく感動した体験でした。

1章

「童心」でほのぼの暇つぶし

——年をとっても「無邪気」が人生を生かす

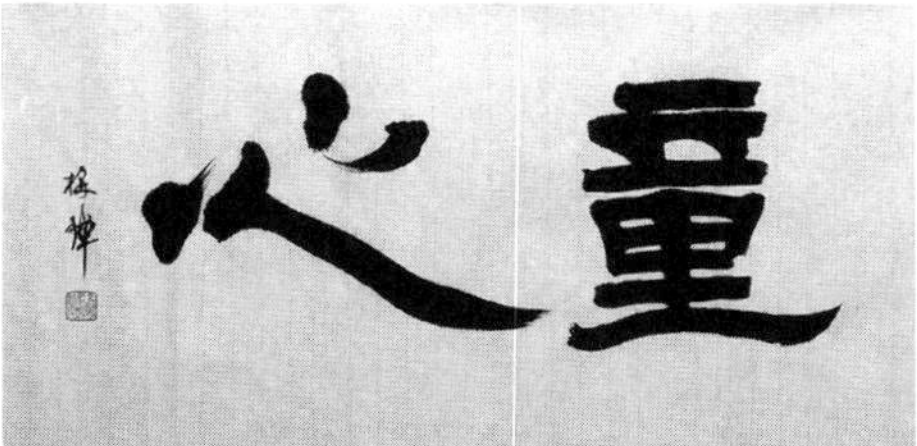

◎老いを笑い飛ばす遊び心「81と18の違い」

さて読者の皆さんは、最初の白いページに何を思われましたか？

私の周囲で、この「白いページ」にこんなことを書きたい！　と、まず飛び込んできたのは子どものように無邪気な「遊び心」でした。本書の、最初の白いページのことを知り合いに話したところ、「こんなのはどう？」と提案してきた人がいます。

誰はばかることなく、子どものように自分をさらけ出せる場が、白いページであり、そこではこんな話題が「極上の暇つぶし」になると言うのです。

それは「お年寄りがお年寄り自身を笑う」という、屈託のない心の健康さが溢れた「81歳と18歳の違い」という話題です。

私より一回りほど先輩である知り合いの男性が、昨年81歳を迎えました。立派な後期高齢者ですが、信じられないほど元気です。

その元気の秘密はどこにあるのか、私は、彼の憎めない「稚気」、つまり無邪気な子どもっぽさにあると思っています。

81歳になって、さすがに老いには勝てなくなったかと思ったのですが、何かしきりに言葉を集めています。何をしているのか聞いてみました。

すると、81歳になった記念に、同年齢の仲間たちと競っていることがあると言います。競争のテーマは「81歳と18歳の違いを探そう」というものだそうです。

たしかに言われて探してみると、彼と彼の仲間たちだけではなく、ネットや新聞などで、いくつか目にすることができました。これは、じつに愉快な指摘というか着眼です。この知人が仲間から集めたり、自分で考えたりしたものの中から、いくつかご紹介してみましょう。

このテーマを投げかけた知人のメールにはこうあります。

――本日をもって81。81ってどんな年でしょう。

だんだん体や頭の自由も利かなくなり、「這い這い」で子ども返りをして、「自分」という意識が消えていくというのが、最も平和な人生の幕引きだとすれば、この「8《は》1《い》8《は》1《い》」はそうした人生の折り返し点かもしれませんね。

仲間から寄せられた「81と18の違い」は、自作も含めて50個ほど集まりました。どれも面白く迷いましたが、傑作を10個ばかり挙げておきます。

・これまでの人生が18年なのが18、これからの人生が18年ないのが81
・オツムはカラでも可愛いのが18、オムツをしていても可愛くないのが81
・箸が転んでも可笑しいのが18、箸が転げて笑われるのが81
・道を探す旅に出るのが18、道がわからなくなって探されるのが81
・高速道を爆走するのが18、高速道を逆走するのが81
・手入れして虫歯ゼロなのが18、入れ歯して虫歯ゼロなのが81
・店頭で買い物し美容院へ行くのが18、転倒で骨折し病院へ行くのが81
・転んでもただで起きないのが18、転んだら起きられないのが81
・知らないことが多いのが18、覚えていないことが多いのが81
・心がもろいのが18、骨がもろいのが81

自らの老いを嫌うのではなく、客観視して笑い飛ばすという、いい人生の送り方だと感心しました。これは、「暇つぶし」と言えば暇つぶしですが、まさに「極上の暇つぶし」に入れてもいいでしょう。

◎花が蝶を呼び、蝶は無心に花を訪ねる、それが童心

こうしたお年寄りたちの屈託のない生き方は、まさにこの1章でお話ししようとしている子どものような素直な「童心」につながります。

好きなものは好き、嫌いなものは嫌い、可笑しいものは可笑しい、きれいなものはきれい、おいしいものはおいしい……などなど、「童心」ですべてを受け入れることで、楽しい「人生の暇つぶし」ができるということです。

その意味から、「これぞ最高の暇つぶし」と思える人生を送った人物の一人に良寛和尚がいます。良寛和尚は「良寛さん」と呼ばれ、絵本や童話にも取り上げられています。曹洞宗の小冊子から引いてみましょう。

「良寛さんは曹洞宗の僧侶となり、円通寺で12年間ほど修行しました。師匠の国仙和尚さんは、良寛さんの悟りを認めました。（中略）このような詩文を書いています。
良寛さんはおっとりしてあわてずこころは広々としている。さとりの証拠に藤蔓《ふじづる》の杖を上げよう。どこへいっても昼寝をするがよい」

紫の花で知られる藤の木は、曲がりくねった丈夫な蔓でも有名ですが、その太い蔓を材料にすると丈夫で味のある杖ができるのです。

「各地を旅しているときにこんな和歌をよんでいます。

春の野に　咲けるすみれを　手につみて　わがふるさとを　思ほゆるかな

（春の野に出て、咲いているすみれをつむと、懐かしい故郷がしのばれるなあ）

良寛さんは自然が大すきなのです。

花は　無心に　蝶々をよびよせ　蝶々は　無心に　花をたずねます」

良寛さんは、生まれながらの素直な性格を捨てることなく、無欲で素朴な生涯を送りました。まさに、無心に蝶を呼び寄せる花、そして、無心に花を訪ねる蝶のような人生だったようです。

詩人で書家である相田みつをさんも、「うつくしいものを美しいと思えるあなたのこころがうつくしい」と言っています。

まさにその通りだと思います。

『釣りバカ日誌』のプロポーズの言葉

良寛さんのように道を極めた人でなくても、子どものような無心さ、正直さ、純粋さで人を動かす例は、身近なところにもたくさんあります。

その最たるものとして私が惚れ込んだのは、まだ人生の「暇つぶし」には早い年齢かもしれませんが、『釣りバカ日誌』のハマちゃんの言葉です。

私はこの作品をマンガの映画化で見たのですが、映画化されてさらに多くのファンを獲得し、映画はシリーズ化されました。

主人公のハマちゃん役も、初代・西田敏行から濱田岳にバトンタッチ、西田さんは三國連太郎が演じていた鈴木社長役に転じるという具合で、長く愛されてきています。

ご存じのようにこのドラマ、出世欲もなく無趣味なハマちゃんを心配した上司が彼を釣りに誘うところから始まります。そして次第に釣りに夢中になって腕を上げたハマちゃんは、自分の会社の社長を社長とは知らずに釣りの弟子にしてしまいます。しかし、身分を知ったあとも変わらぬ付き合いが続きます。

ヘイコラする社員に取り囲まれている社長には、「ハマちゃん」「スーさん」と呼び合える関係が何より心地よいものだったようです。スーさんにとって、ハマちゃんとの釣り競争は「最高の暇つぶし」になったことでしょう。

この映画シリーズの肝は、この2人を中心にした多くの登場人物が繰り広げる何とも可笑しな人間模様にあります。

中でも出色なのが、ハマちゃんがみち子さんにプロポーズするシーンでしょう。みち子さんとまえの彼氏の仲を仲裁しようとして、かえって2人を別れさせることになって、みち子さんを怒らせてしまったハマちゃん。

その後、偶然再会したみち子さんと、喧嘩を繰り返しながらやがて愛し合うようになり結婚を決意します。

普通、プロポーズの言葉の定番は、「君を幸せにするから」です。少なくともドラマの世界ではこの言葉が定番のようで、私たちはドラマで繰り返しそのセリフを聞かされています。

ところが、ハマちゃんのプロポーズの言葉は意表をつくものでした。彼はなんと、こう言ったのです。

「僕はあなたを幸せにする自信なんかありません。でも、僕が幸せになる自信はあります。僕と結婚してください」

考えてみれば、「幸せ」の定義はさまざまです。男性から「幸せにしてあげる」と言われても、男性がイメージする幸せと女性が夢見る幸せは違うかもしれません。ですからこの定番のセリフ、ずいぶん無責任に思えます。

一方、ハマちゃんが幸せになれるというのは、みち子さんと暮らす自分は間違いなく幸せになるという確信があります。一見無責任ですが、これだけは自信を持って言っているので、むしろ確かなセリフではないでしょうか。

そして何よりも私は、ハマちゃんのこの飾り気のない正直さ、率直さ、自然体の生き方に共感しました。これこそ、本書で言う「童心」の極致ではないでしょうか。「童心」＝「自然体」という方程式が、ここに一つまた見つかったような気がするのです。

◎「挫折をしたことがありません。なぜなら……」

『釣りバカ日誌』のハマちゃんに次いで挙げたいのが、これは実在の人物で、手品師のマギー司郎さんの生き方です。

マギーさんが売りにしている手品のポイントは、その悠々とした、ほんわかと温かい芸風ですが、これはマギーさんの生き方から来ているようです。

マギーさんがどこかで、「私は挫折をしたことがありません。なぜなら、たいそうな夢を持ったことがないから」と言ったのを聞いて、なるほどマギーさんのあの芸の秘密はここにあると思ったのです。

この言葉を聞いて、夢を持つとろくなことはないから、夢など持たないほうがいいと解釈することもできます。しかし私は、「夢がなければいけないということはなく、自分の力に合った生き方をすればいい」という意味だと思いました。

現に、マギーさんは著書（「参考文献」参照）でこんなことも言っています。

「生まれて初めてカツ丼を食べたのは、上京して三年目　食べるまで一ヵ月悩んだ」

これは、マギーさんの言う「たいそうな夢」ではない夢と言えますね。

その道で大成功を収めたスポーツ選手などは、「夢を持て、持てば絶対叶う」と言います。しかし、夢を持った人がすべてそれを叶えられるというものではありません。

また、これといった夢のない自分にがっかりする人もいると思います。そういう人にとって、マギーさんの言葉は大きな救いになるはずです。

マギーさんは、その言葉の通り、大きな仕掛け舞台を用意したり、派手なパフォーマンスをしたりなど、大向こうをうならせるような大掛かりな手品はしません。それをしたいという夢を持たなかったのでしょう。これぞ究極の暇つぶしと言えそうです。

マギーさんの手品は、たとえばこんな具合です。白い粉が入った瓶を持って登場、「この中には塩が入っています」。なめてみせて「しょっぱーい」……。「それでは今からこの塩を砂糖に変えてみせましょう」ハンカチをかぶせてさっと払い「ほら、砂糖になりました」。

塩も砂糖も色が同じですから変わったのか変わらないのか。「なめてみます。あまーい。ほんとですよ、あまいんですよ」

これは手品でしょうか？　でもお客さんは大笑いです。その他、右手に持った縦じまのハンカチを、ひっくり返して左手に持ち替えただけで横じまにしてしまうなどというのもあります。

マギーさんにとって手品の目的は、タネや仕掛けを巧みに用いることではなく、客を楽しませることにあるのでしょう。

ですから、お客さんが笑ってくれればそれで大成功なのです。そこにマギーさんのマギーさんらしいところがあるのです。もしかしたら、手品の定番をひっくり返してしまったことが人気の秘密なのかもしれません。

マギーさんのそんな生き方の原点はどこにあるのか、先ほど挙げたマギーさんの本にもあるその生い立ちに秘密がありそうです。


「ぼくのおふくろの教育は、『みんなとおなじでなくていい。みんなおなじである必要はない』でした」

「『みんなとおなじでなくていい』はぼくの芸の原点かも」

「勉強したくない人はしなくてもいいいんじゃない」

「人との比較って何なんだろう？　どうってことないことだよね」

マギーさん独特のあの口調で読んでみると、ますます、自分のままの自分でいいのだと思える自分がいます。

◎「知るより好き、好きより楽しむほうがいい」(『論語』)

たとえば、「好きこそものの上手なれ」という言葉があります。何かに取り組んでそのための知識を得ようとしても、その何かが好きでなければ上手にはなれないという意味です。

「売り家と唐様で書く三代目」という川柳がありますが、「唐様」とは漢字のこと。初代が苦労して財産を残しても、三代目になると没落して家を売りに出すようになる、その家の入口に「売家」と書いたのですが、道楽で商いはダメになったものの、文字を書いたり読んだりの教養だけは付いたようだと、三代目を皮肉っています。

しかし、もし三代目が、家業が好きで継いだのであれば、上手に商いの道を歩むことができたのでしょう。親の傍らでいくら商いを学んだとしても好きでなければ上手にはならないのです。

好きでなければ上手にはなれないというこの原則、私には、論語にある「之《これ》を知る者は之を好む者に如《し》かず」に通じるものがあると思えました。知よりも好むことが大事だと言っているからです。

そしてさらに、この言葉には「之を好む者は之を楽しむ者に如かず」が続いていることをご存じでしょうか。

メジャーリーグで活躍している大谷翔平選手の父親がモットーとしていたのは、「やりたいことを楽しくやらせる」ということだったそうです。

つまり、知るよりも好むことのほうが大事だが、もう一つ言えば、好むことよりも楽しむことが大事だと言っているのです。

仕事であれ趣味であれ、楽しめるものであれば真に打ち込むことができますし、ひょっとしたら極められるかもしれません。そういうものを持てば人生は素晴らしいものになるということでしょう。

●自分の限界を知ると生きやすくなる

好きなものは誰に何と言われようとも好き、だから何が何でもやり通す、それが自分にとっての「自然体」という人がいる一方で、逆にあっさりと自分の限界を知り、進路変更をしてしまうほうが自分にとっての「自然体」という人もいるのです。

私はこのことを、フランスの俳優ジャン・ギャバンが歌う「マンテナン・ジュ・セ Maintenant Je Sais（今、私は知る）」を聴いて痛切に感じました。

その大意は次のようになっています。

——オレがガキのころ、一人前に見せようと大声で話していた。

オレは言った。「分かってる、分かってるさ」

そして駆け出しで未熟な年ごろの18歳になって、
オレは言ったさ、「分かってる」って。
そして人生半ばにしてオレが学んだことは、それは3つ4つの言葉で言える。
誰かに愛された日々、それは美しい。そして好天、上手に言えないが好天がいい。
若いころからずっと「分かっている」と言いつづけてきた。
しかし、ただ求めれば求めるほど、オレは分からなくなった。
60も年を重ねた今、窓辺にたたずみ眺めて、自ら問いただす。
人生、恋、お金、友達、バラ、そして物事が出す音も色合いも、
決して分かりはしない。今にして、何も分からなかったことだけが、
それだけが分かった。——

自分の限界を知ることは、辛いことかもしれませんが、人生の一つの知恵だと私は思います。

このように、自分の限界を知った人の一人にノーベル賞受賞者の山中伸弥さんがいます。整形外科医を目指していた山中さんは、かなり不器用な人だったらしく、手術が下手で時間もかかり、仲間から「じゃまなか」と呼ばれていたそうです。整形外科医としての限界を知った山中さんは、研究者に転身し、あの偉業を成し遂げました。しかし、これほどの実績を上げながら、ブログで次のように語っています。

——私は、科学的な真実は「神のみぞ知る」、と考えています。（中略）私たち科学者は真理（真実）に迫ろうと生涯をかけて努力していますが、いくら頑張っても近づくことが精一杯です。真理（真実）と思ったことが、後で間違いであったことに気づくことを繰り返しています。——

（「山中伸弥による新型コロナウイルス情報発信」）

つまり、知ろうとしてどれだけ努力をしても、人には限界があるということでしょう。限界があると知れば、あの偉業もまた「究極の暇つぶし」になるのかもしれません。

一方ではこんな例もあります。弁護士になりたいという夢を抱いた知り合いのある青年が、一生懸命勉強して司法試験に挑戦しようとしました。しかしその挑戦の中で彼は、自分の限界を知ります。自分には無理だと気づくのです。

それから数年、進路を変えた彼は、別の世界で生き生きと働いています。

その意味では、司法試験の受験制限が5回までと決められたのにも、意味があります。以前は、司法浪人と呼ばれる人が大勢いたのです。中には、気づいたら、結婚もせず、職にも就けず、時が過ぎてしまったという人もいたといいます。

やはり、自分の限界に気づいて見切りをつけ、落としどころを知ることは、そのほうが賢い生き方につながります。

『論語』にも、「之を知るを之を知ると為し、知らざるを知らずと為す。是れ知るなり」という言葉があります。「知っていることを知っているとし、知らないことは知らないとする。それが知るということだ」という意味です。知ることには限界があるという意味でしょう。

◎「おいしいもの」より「おいしく食べる」ほうがおいしい

美しいものは美しい、楽しいものは楽しいという「童心」の延長線上に、おいしいものはおいしい、おいしいものをおいしく食べたいという人間の自然な望みがあります。

禅でもこの食べ物に関しては重要なテーマとしていて、禅宗寺院の役職の一つに食事を扱う大切な役目として「典座《てんぞ》」があります。

禅宗寺院での修行僧の食事を用意したり、仏や祖師へ食事を差し上げたりする役割のことで、6つの知事という役割の5番目に当たる役職です。読経や座禅だけが禅の修行ではないのです。

典座の模範とされている中国の禅僧雪峰義存《せっぽうぎそん》は、「雪峯寮」とも呼ばれていて、自ら志願し、いつもしゃもじを持って歩いていたことが有名です。

一般的に、食事係は、「飯炊き婆」などと蔑称されるように、とても、高位の役職とは言い難い印象があります。

しかし禅宗では、調理や配膳も重要な役職とされていて、深い心がないと務まりません。曹洞宗の開祖・道元禅師は、宋で修行したとき、2人の老いた典座に出会ったことで、禅修行の本質に目覚めたといいます。そのことを、道元は『典座教訓』の冒頭で語っています。

さて、典座の職にある人の料理への心得ですが、大事なことは、「軽やかな味つけ（軽軟）」と「手間を惜しまないこと（如法作）」と「清潔さ（浄潔）」の3つを守ることです。

つまり、単に作るだけの料理人ではなく、どういう気持ちで作るか、食材をどう生かすか、どうすればおいしく食べてもらえるかを考えなければいけないということです。

ですから、そうした食事をいただく側にも、食事をおいしくいただくという心得がなければなりません。

何であれ、楽しんでこその「暇つぶし人生」です。「おいしいもの」よりも「何でもおいしく食べる」ほうが暇つぶし人生を謳歌できるに違いありません。

◎白いページに書く自分の「漢字」は何ですか?

年末を迎えると、「今年の漢字」が発表されます。京都・清水寺の貫主が揮毫《きごう》する姿が報道され、年末の一つの風物詩になっています。昨年（2022年）は、ロシアのウクライナへの侵攻などを受けて「戦」でした。

漢字と言えば、私は葬儀にあたり、故人の戒名をつける際、必ず、故人を表現する漢字がありませんか、とご遺族にお尋ねすることにしています。

私は漢字一字で、故人が作ってきた人生の作品を表現することができるのではないかと思っているからです。

ご遺族は、生前やってきた仕事とか、こんな趣味を持っていたとか、こういう性格だったとか、故人のことを偲びながら個人に相応しい漢字を提案してくださいますが、中には思いがけない漢字を挙げる方もいます。

たとえば、ある故人の奥さんが「膳」という字を挙げたことがあります。それは、私にとって意外な字でした。なぜならば、故人は秋田出身で仕事は機械のメンテナンス、趣味らしきものはなく庭に植えた木を眺めて楽しむ程度、どこをとっても「膳」とは関係がなさそうです。

そこでさらにお話を聞くと、食べることは好きだったと言いますが、奥さんの料理をほめることなど皆無、無口な人で黙々と食べているだけだったようです。日ごろ、そういうご主人だっただけに、ある日の出来事が余計に印象に残ったのでしょう、次のようなお話を伺ってようやく私は納得したのでした。

その出来事とは、ある日仕事のことで社長にほめられたらしく、ご機嫌だった故人が初めて夕食時に「オメェの料理は高級な店よりウンメェな」と秋田弁でふと言ってくれたことでした。社長が評価してくれた嬉しさでだいぶ酔っていたらしく、お酒の勢いを借りて本音が出たのでしょう。

「夫は、普段から口数も少なくて、顔に感情を出さない人でした。とてもまじめで仕事人間で……。住宅ローンを返し終わったとたんに亡くなってしまって、夫の生涯は何だったんだろうと考えていたら、料理をほめてくれたことを思い出したんです。とても嬉しくて、あちらの世に行ってもおいしいものを食べて私のことを思い出してほしいと……」

電話の向こうで、こんな話をしながら、だんだん涙声になっていく様子を窺い知った私は、「膳」という字を言い出した奥さんの気持ちがとてもよくわかったのです。

2人の子どもと過ごした故人の一生が、どんなものだったのかも想像することができました。

こうした幸せな家庭を象徴するように、葬式での息子さんの挨拶も素晴らしいものでした。父親の印象として彼が挙げたのは、母が作った料理で晩酌をするのが楽しみだったらしいということだったからです。「味わうように食べていた姿が今でも思い浮かびます」

おそらく故人は収入も高くない中で、奥さんが家計のやりくりをして高級な食材などが買えず、ありあわせのもので工夫して作っていること、そこに愛情が込められていることがわかっていて味わって食べていたに違いありません。

長男はこう挨拶しました。

「私も妹も、そんなお母さんとお父さんの背中を見て育ちました。孫たちもジジが大好きです。お父さんが植えて育てた自慢のキンモクセイ、大きくなりましたね。切ってきました。

この部屋いっぱいに心地よい香りが漂っています。お父さん、柩に入れますね。

これを天の庭で育てて、いつか逝く僕たちのために素晴らしい庭にしておいてください。これまで本当にありがとうございました」

故人は、61歳という早すぎる死でしたが、納得のいく人生だったのだと私には思えて仕方がないのです。その故人の奥さんは「夫は家のローンを払うだけの人生だったのではないか」と悲しむのですが、「その家にはたくさんの思い出が残されています。それはお金に代えられない貴重な財産です」と言わずにはいられませんでした。

さて、あなたには、本書の最初にあった白いページに書けるような「漢字の一字」がありますか？　それを筆で書きますか？　鉛筆で書きますか？　色鉛筆を使いますか？　ページの真ん中に書きますか？　端に小さく書きますか？

この世とさようならをする前に、そんな大事な「自分だけの一字」が、本書を読み終えたときに見えてくるでしょう。

気骨ある政治家・後藤新平は、死の床でこう言い残したそうです。

「金を残して死ぬ者は下、事業を残して死ぬ者は中、人を残して死ぬ者は上である」

この項の家族が感じた「お金に代えられない貴重な財産」も、後藤新平の言う「人」にまつわるものであり、まさに彼の言う「上」の死に方と言えるでしょう。

2章

「動心」でどきどき暇つぶし

――何気ない「気づき」で人はよみがえる

◎いやなことも「気づき」で励みになる

2章のテーマは「動心《どうしん》」。「動く心」「動かされる心」、感動して喜びに打ち震える心のことです。

前述したようにこの「動心」には、同じ読みの「瞳」の字を使った「瞳心」、目を見張ってよく見ることで得られる新たな「気づき」の心の意味合いも含まれるでしょう。

この「動心」「瞳心」を持つことによって、私たちの人生は考えさせられたり感謝したりする感動に満ちた「暇つぶし」になります。そこには、今まで見落としていた新たな「気づき」がたくさん見つかり、周囲の人の共感も得られるでしょう。

仏教ではこの「気づく力」のことを「念力」と言い、その「気づき」のあとに心の働きを変える力のことを「常力《じょうりき》」と言います。「念力」が意識のセンサーなら、「常力」は変革力と言えるでしょう。

自然に恵まれている日本では、ほとんどの人が晴れた日を好み、雨が降ると憂鬱な気分になります。「いい天気ですね」と喜び合い、「また今日も雨……」と気持ちが落ち込むのです。

そこが、乾燥地帯のように雨をひたすら望む地域との違いでしょう。

昔、ある東北地方の農村に行って、年老いた女性と話したことを思い出します。古い農家に嫁いだばかりのころ、彼女は毎日、雨が降れ！　雨が降れ！　降れば外で働かなくて済むと念じました。雨は彼女にとって、過酷な労働から体を休められる数少ない機会であり、まさに「恵みの雨」だったのです。

こんな経験をしなくても、「雨が降らなければ作物は育たないし、水も飲めない……」ということに気づけば、雨の日もありがたくなります。

雨が降らなくて、一日に使える水が限られている国もあります。バケツ数杯の水で、顔や体を洗い、炊事洗濯に使い、下水に流すことなどもってのほか、乾いた畑に散布して種を蒔くという生活をしている人々もいるのです。

私がアフリカやインドに何度か行ったときの体験ですが、こうした土地では治安の悪さや毒蛇など自然の脅威もあって、つねに命が危険にさらされている中で、命を育み、命を守るはずの「水」が、汚染されたり毒物が混入していたりして、逆に命を危険にさらすことが少なくありません。

こうした状況を見るに見かねて、私はあるアフリカの土地に安全な水が飲める井戸を寄付したこともあります。

日本では当たり前すぎて誰も気に留めていない水の安全性ですが、じつはこれを守ることは、国民の命を守る重大な仕事です。

アフリカやインドでの例を思い出すにつけ、改めてこうしたインフラに携わる方々への敬意と感謝の念がこみあげてきます。

◎父の日記が長男を変えた

一つの「気づき」が人生を大きく変えたこんな例があります。

埼玉県のある専門学校の先生には3人のお子さんがいて、長男はあるとき、ちょっとした事件で警察のお世話になり、以来、父親から小言を言われ続けました。

その小言も先生特有の徹底ぶりで、その都度、一から十まですべてを言わないと気が済まないというありさまでした。長男はそれが煩わしく、次第に父との関係は冷え込んでいきました。

一方こうしたこともあって、父親は次男には優しく接し、末っ子の長女のことも可愛がっていましたので、長男は、自分だけのけ者にされているように感じていました。

それがまったくの誤解だったということを、長男は父親がすい臓がんで亡くなってのち知ることになります。遺品整理をしていたとき、一冊の日記が出てきたのです。読むとどこのページにも長男の名前が出てきます。

さまざまな思い出が綴られ、警察ざたになったことも含め、いろいろと心配しながらも、彼はきっと自分の期待に応えてくれるはずだと、そこには溢れんばかりの愛がたたえられていました。

彼はこれを目にしたとたん、父親に対して冷たく接していたことへの自責の念に駆られ、号泣したのです。

そして、死の直前でぷつりと中断されていた父の日記を受け継ぎ、ペンを走らせることにしたのです。「ごめんなさい」の思いは、彼からペンに伝わり、書かれる字のインキはわずかに滲んで見えるのです。そして彼はそれ以後、他人からの注意を素直に聞き入れる生き方へと変化したのです。

すべては新しい「気づき」、「発見」と言い換えてもいい心の転換が、人生に感動をもたらすのです。新たな気づきがあれば、色あせたように見えていた自分の人生も単なる「暇つぶし」から「極上の暇つぶし」に一変するでしょう。

この章では、そうした人生のさまざまな「気づき」の実例を挙げながら、それがいかに自分を動かし人を動かすのか、曇った人生を光が差し込む感動に満ちたものに変えるかを見ていきましょう。

◎マサイ族の最高のプロポーズの言葉は何だと思いますか?

50年もまえのことですが、私は、野生のライオンをこの目で見たいと思って、マサイ族の住む、アフリカの奥地にあるサバンナに行きました。とても珍しく印象的な体験がたくさんありましたので、そのいくつかをお話ししましょう。

・その1　サファリでなんと地震!!

夜になって、ガイドさんたちが焚火をして順に番をしてくれている中、私たちはテントで寝かせてもらっていたのですが、そのとき、地面がぐらぐらと揺れ始めました。

「地震だ！」そう思って飛び起きテントの外に飛び出すと、ガイドさんたちがげらげら笑っています。その指さす先を見ると、そこに見えたのは象の行進だったのです。

・その2　プロポーズの言葉は「あなたは牛の糞のようだ」

日本では、女性をほめるときの言葉として「立てば芍薬、座れば牡丹、歩く姿は百合の花」があります。

マサイ族のそれに相当する言葉は、「あなたはまるで牛の糞のようだ」なのです。プロポーズにも使われる言葉と知って、「く○ばばあ」とか「下手く○」などと、人をののしるときに使う日本との違いに驚きました。

しかし、彼らに言わせれば、牛の糞は家を作るときの壁になります。乾燥させれば薪のように燃料になります。ですから、とても貴重で素晴らしいということで女性へのほめ言葉にもなるのです。

言われた女性は大喜び、天にも昇る思いをするそうです。

これらの事実を知って私は、とても愉快な気持ちになり、生きていることが楽しくなりました。物事の価値観は、その国によって違うことを改めて知ったからです。

私たちは、ともすると、ほかの何か、あるいはほかの人と比べて価値判断をしてしまいます。自分とほかを比べて、自分のほうがよいとうぬぼれたり、人より悪いと思って悩んだりします。

これを「相対分離」と言いますが、人によって、あるいは国によって、価値観は大きく違うと考えれば、相対分離に悩まされることもなくなります。アフリカ訪問は、私が、「人生は暇つぶし」と思うようになった大きなきっかけになってくれました。

◎インド・ケニアで気づく時間の流れ

私が歩いた多くの国の中で、とくにインドは特筆すべき国だと思っています。インドにいると、日本にいる自分とはまったく違った、ゆったりとした別世界のような尺度での自分が体験できると思うのです。

人の動きがさまざまで、貧しい者も富める者も、雑踏の中で行きかう姿が、いくら見ていても飽きません。物乞いの声がひっきりなしに聞こえるかと思うと、聖なる牛は堂々と歩み、車が通ろうが人がいようが、一切我関せずでゆっくりと尿や糞をして立ち去ります。

そう言えば、ケニアのホテルでも似た体験をしました。

このホテルには横にやや大きな人工の池があり、一日中、さまざまな動物が来て水を飲みます。目の前で入れ代わり立ち代わり、いろいろな動物が水を飲んでいくのです。

そこには、その動物と水とホテルとが一体となった一つの風景が作り出され、さながらみごとな映画の一シーンのような絵になっています。ホテルが、自然と動物が一体になる景色を作っているのでしょう。

ここでも、私はそれを見ていて一日中飽きませんでした。

人間というのは生きる過程において「暇つぶし」をしている、ということは、もしその暇つぶしが自分の望むものでなかったら、大事な自分の時間の「切り売り」をしていると感じるのです。

望むと望まないとにかかわらず、衣食住を確保するための労働など生きるために費やす時間は少なくありません。おそらく普通の現代人の生活では、睡眠を除いても仕事や移動などで、自分の生の3分の1、一日に8時間は自分の生の切り売りをしていると思います。

そんなことを考えると、このインドやケニアでのゆったりした時間が、極めて貴重なものに思えてくるのです。

そう言えば南米のアマゾンでは、スコールの前、スコールの後、夜と3つの時間の区切りがあり、それが時計代わりになっていました。

私自身は外国でこうしたことに気づきましたが、何も外国ばかりではないでしょう。日本にいてもこうしたゆったりと時間が流れる体験はできると思います。

ところ変われば変わる価値観

たまたま、2022年12月11日の東京新聞「筆洗」で読んだ内容を思い出しました。

2022年を象徴するものとして、アメリカのタイム誌はウクライナのゼレンスキー大統領を今年の顔として選びました。しかし、イギリスのオックスフォード辞典の選んだ今年の言葉は、すこし趣が違うと言うのです。

――こちらはウクライナの緊張とは縁のない言葉が選ばれた。「ゴブリン・モード」（筆者注：ゴブリンとは、ヨーロッパの民間伝承に登場する伝説の生物である）。トールキンの『ホビットの冒険』を連想する人もいるが、ヨーロッパ伝承の妖精や小鬼になじみのない日本人にはゴブリンのような生活態度と言われてもピンとこない。

なんでも怠惰で気ままなやりたい放題の生活やふるまいを意味するそうだ。朝寝、朝酒、朝湯が大好きな「小原庄助さん」みたいだがコロナ禍と関係があるらしい。感染対策で自宅での生活が続いた。コロナがやや落ち着きを見せ、「普通の生活」に戻らなければならないが、人目を気にしない生活が忘れられない。――

そう言えば、日本でもリモート生活をいいことに、面倒な会合をサボったり、マスクをしているからと油断して化粧や髭剃りの手抜きをしたりしていた人も多いようです。

「きちんとしていることを絶えず期待される世の中がどうにも気詰まりでちょっと背を向けたくなる」そんな気分が、その言葉の背景にあるだろうと言い、「皮肉な見方をすれば平和でぜいたくな言葉かもしれない」と、同記事では書いていました。

たしかに、このような「ところ変われば変わる価値観」を知ることは、固定観念にとらわれた今までの人生に新風を吹き込む、一つの気づきのチャンスかもしれません。

◎水道代は払うが空気代は——チベットの体験

価値観の違いは、やはり50年まえチベットを訪問したときも感じました。

たとえば、チベットならではの儲かる商売は？　と聞かれて、正解を言える日本人はおそらくいないと思います。

チベットへ行ったことがない人は驚かれるかもしれませんが、じつは、酸素を売る商売です。ヤギや牛などの胃袋に酸素を詰めて売っているのです。標高4200メートルもある高地なので、空気がとても薄く、外国からの客の中には、こうした酸素を買わなければ滞在することができない人もいるのです。

ペルーから帰った知人も同じことを言っていました。街のあちこちで酸素屋さんを見かけたそうです。最初は「酸素を買う？」と思ったようですが、最初の宿泊先クスコで、早くも頭痛と気分の悪さに悩まされ、まともに歩くことができなくなりました。

そして、「万金を払ってもいいから酸素が欲しい」と切実に思ったそうです。

もちろん、現地の人々は慣れていて平気です。おそらく、国家にとっても多くの外貨稼ぎの源になっていることでしょう。

それに対して日本では、空気とはその存在に気づかないくらい当たり前にあるものです。長年連れ添った配偶者を「空気のような存在」とたとえるのも、当たり前に存在するものだからでしょう。

そういう意味で、蛇口をひねればいつでもきれいな水が出てくる日本では、水も空気も当たり前にあるものなのに、こんな当たり前のことが、当たり前ではない国も世界にはあるのです。

このように、国によって大事なものには大きな違いがある、その「気づき」が、知らない国を理解し、そこに住む人々と心や思いを通わせるもとになるのです。

◎違う人間同士が違いを認め合うことの大切さ

2023年1月9日の朝日新聞「天声人語」に次のような話題が載っていました。

旧ソ連時代のレニングラードに生まれ、両親の仕事の都合でロシア、日本、イギリス、フランス、アメリカ、カナダの学校を転々としたキリーロバ・ナージャさんの話です。

——国が変われば「普通」は変わる。ロシアの授業はペンを使った。間違えても消せない。じっくり考えてから書く。ところが、英国に行くと鉛筆だった。何度も直してたくさん書くようにと。

体育で勝敗を重視する国がある一方でフランスでは体を動かす楽しさが大切にされた。泳ぎ方から数字の書き方までカタチが大事な日本の不思議さ。米国の先生からは「私も答えを知らない」と言われて驚いた。

ナージャさんは日本の大学を卒業し、いまは大手広告会社に勤める。昨年、著書『6カ国転校生ナージャの発見』を出した。常識とは何か。正解とは何か。そんなことを考えさせる本だ。（中略）

「子どものときは周りに合わせて普通になりたいのに、大人は『普通だね』と言われるのが一番ショックです」

なるほど。でも違いを示すのは簡単ではないですよね。「私も自信はない。

自分の一番弱い、すぐに壊れてしまいそうなことをさらけ出す。それが個性を出すということだから」。自身の「普通」を悩み続けてきた人はやさしくそう言った。——

たしかに私たちは子どものころから、人と違うことで悩むことが多かったようです。ですから、あの童謡詩人・金子みすゞが、「わたしと小鳥とすずと」という詩で、「みんなちがって、みんないい。」と詠ってくれたのにほっとしたのです。

先日見た雑誌でも、俳人の石寒太さんが、「俳句を出し合う句会では、みんな違ったほうが面白い。職業、年齢、性別も男女に限らずLGBTもいる。住んでいる地域にも広がりがあるほうがいい」(『わげんせ』2022年春号)と言っていました。

このナージャさんは、大人になるにつれて逆に、「普通だね」と言われることにショックを感じるようになり、「違いを示すのは簡単ではない」ことに気づきます。いわば彼女は、個性的でない自分、「普通」である自分に悩む「普通コンプレックス」のようなものにとらわれているような気がします。

これに対して、私の見方はむしろはっきりしています。

たしかにまじめに考えれば、こうした悩みを抱いても仕方ありません。しかしここでちょっと「人生暇つぶし」的観点から見直せば、どうでしょう。「普通」であってもいいではありませんか。

あまりほかの人と変わらない「普通」の生き方も一つの個性です。変わった個性も変わらない個性も、両方含めてお互いに違う個性なのです。「普通」であることも含めて、お互いの違いを認め合うことこそ大切だと思います。

優しくなかったと振り返るあなたはすでに十分優しい

人生を「暇つぶし」と捉え、どうせならば「極上の暇つぶし」にしようというとき、大事なことはまず「楽しく」生きるということです。そして楽しく生きるために必要なことは、ほっとできるような心のゆるみでしょう。

北海道南富良野町にある小さな診療所の院長で、そのユニークな取り組みによって日本医師会「赤ひげ大賞」を受賞した下田憲さんは、この「心のゆるみ」を与えてくれる人であると私は思っています。

高校を卒業後、西日本を放浪した下田さんは、やがて北海道大学医学部を卒業し、故郷の長崎で公立病院の立て直しに参加、その後、北海道の公立病院に勤務しました。

さらに、無医地区だった南富良野の町立診療所に赴任しました。ちなみに、この地域は、『鉄道員《ぽっぽや》』（浅田次郎）の映画化に当たってその撮影地になったところです。

下田さんは、この診療所で、東洋医学と心療内科を双軸とする独自の診療形態を確立しました。その一環として、患者の心の声を墨書にする創作活動を始め、その常設館「けん三《さん》のことば館」を開設しています。

これらの言葉は、診療所の待合室でも見ることができます。

患者さんたちは、それを読んでは自分の身に置き換えて心を慰めているといいます。おそらく、これらの言葉を読むと、「そうそう」と共感したり、「こんな自分でいいのだ」と気持ちが楽になったりするからではないでしょうか。

　これらの言葉の一部をご紹介しておきます。「言葉の処方箋」として読んでみてください。

「傷ついて　生きていくのは　辛いけど　傷つけて　生きていくのは　もっと悲しい」

「物は蓄えても　分ければ減って　行くけれど　心は　分けるほど増えて　行くんだなあ」

「悪口を言う人は　嫌だねと　自分も悪口を　言っている　気をつけなくちゃね」

「やさしくないと　自分を責めてる　それだけで　十分やさしい　あなたです」

◎人は命や死を自覚したとき本当にやりたいことが見える

無心の幼児期を過ぎて自我が芽生えるころ、人にはどうしても通らなければならない関門があります。それは「自分は何のために生まれてきたのか」という自分への質問です。

とくに、自分がいずれ死ぬ存在だということがわかったとき、その疑問はますます強まっていくのです。

この答えは難しく、これまでに多くの人がいろいろな言葉を残しています。臨済宗の僧・松原哲明さんは、亡くなった遺伝子学者の村上和雄さんが著した『遺伝子からのメッセージ』から引用して次のように述べています。

——その本によると、一個のいのちは、父親の二十三個と母親の二十三個を合わせて四十六個の染色体のうえに成り立っている。生まれてくる一人は、七十兆と言われる組み合わせの一つ。これを「大海の針」といいます。

私たちが生まれてきたということは、この大海に沈んでいる一本の針を拾い上げたと同じようなものです。（中略）すべての命は先祖からの預かりものです。——

おそらく、自分が生まれてきたことがいかに奇跡的な出来事だったのかに気づいて、その奇跡の糸をきちんと使って生きなければいけないということでしょう。
また、哲明さんの父上である松原泰道さんは、「人はなぜ死ぬのか」と問われ「生まれてきたから」と答えたといいます。そして、「なぜ生まれてきたのか」には「死ぬ定めがあるから」と答えたそうです。

文字通り禅問答のようですが、なぜか納得させられ、気持ちが落ち着くような気がします。

これが歌手のさだまさしさんになると、より具体的で、やはり生きる勇気がわいてきます。さださんは、『いのちの理由』という歌で、「私が生まれてきた訳」を、「父と母とに出会うため」「きょうだいたちに出会うため」「友達みんなに出会うため」「愛しいあなたに出会うため」「愛しいあなたを護《まも》るため」と表現しました。

そして、春に花が咲くように、秋には葉が散るように、「しあわせになるために」「悲しみの花の後からは　喜びの実が実るように」と、人の定めである死や誕生を示唆しているのです。

人が命や死を自覚したとき、自分の命の軽さに気づくこともあります。自分が死んでも、世の中は昨日と何も変わらず動いていくことがわかっているからです。

しかし、自分の命が世の中にとって軽いものだったとしても、自分にとっては、自分がこの世にいるかいないかは重大な問題です。そう考えれば、警察にご厄介にならない限り、本当にやりたいことをやっていい人生にしたいと思うのではありませんか？　そのとき、人生は「極上の暇つぶし」になるはずです。

◎「まさか逆さま」

南米に「アベコベガエル」という可笑しな名前の生き物がいます。英語ではパラドクシカル・フロッグ、「矛盾したカエル」と呼ばれています。

オタマジャクシのころは25センチと巨大なのに、時間が経って成体になると、6センチとなってしまう不思議な生き物です。

まさに「まさか」と思えるような「逆さま」現象ですが、人生にも似たようなことがあります。「上り坂あれば下り坂あり」の人生にじつはもう一つの坂があるのです。

それは、「まさか」という坂です。思いがけない坂のことを言うのでしょうが、さらに「まさか逆さま」という言葉があるのです。これは逆から読んでも同じ回文ですが、その意味は、「まさか」が逆になるということです。

つまり、「まさか」と思っていたことが逆だったという意味です。

日常生活でもこの「まさか逆さま」はよくあります。たとえば、今は亡くなっ

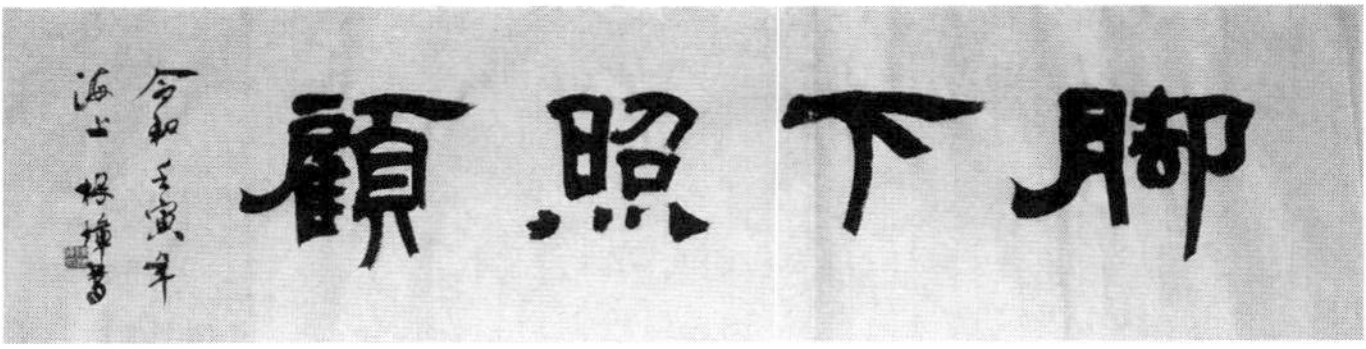

てしまった知人の建築会社社長の言葉は印象的でした。

「桜が突然に咲いたよ。ここできれいな桜を見たのは初めてだ」

この社長は働き者で、朝早く家を出て夜遅く帰るのが日常でした。それがある日、医者からがんで余命わずかであることを知らされます。そのとき、毎年見事な花を咲かせる桜の古木が、今年も変わらず咲いているのに、初めて気が付きます。

と言うより、その美しさを初めて認識したと言ったほうが正確かもしれません。残された時間はわずかであり、来年この桜を見ることはできるだろうか。今まで忙しくしていて、桜をゆっくりじっくり見ることをしなかった。ましてや目に焼き付けることなどしたことがなかった。

その思いから、社長は思わず、「桜の花が突然に咲いた」ように感じ取れたのでしょう。当たり前ですが、この桜は毎年咲いていたのです。しかし、彼にとっては「まさか」の出来事だったのです。

こうした自分自身への「気づき」を、禅語では「脚下照顧」という言葉で言うことがあります。自分の足元を照らして、自分の立場や考え方を謙虚に振り返ってみると、何らかの気づきが得られるはずです。

その気づきが、今までの自分を覆すような大きな「まさか」であればあるほど、その価値は大きくなります。「まさか逆さま」のような気づきがあったとき、それからの人生は充実したものになり、極上の暇つぶし人生を送れるでしょう。

◎「感動とは感じて動くと書くんだなあ」

前にもお話しした相田みつをさんの言葉には、深く感じ入ってしまうものがたくさんありますが、「感動とは感じて動くと書くんだなあ」という言葉もその一つです。著書『一生感動　一生青春』の中で、相田さんは、この言葉について次のように言っています。

「感じたら具体的に動く　動くのは自分　しかも、それは、他から強制されたり、命令されて、しぶしぶいやいやながら動くのではありません。自分の考えと、自分の意思で、よろこびをもって積極的に動くことです。

つまり感動とは、常に自分が自分の主役となって、イキイキはつらつと動くことだというのがわたしの持論でした」

「人間を育てるためには、金や物には代えられない、もっと大切なものがいっぱいあるはずだ。（中略）人の悲しみがわかる、人の心の痛みがわかる。そして、人のいのちの尊さと、はかなさがわかる。そういう意味の、心の豊かさを、親自身が身につけることが大切ではないか」

「感動にお金は少しもかかりません。学歴、肩書、社会的地位の上下、一切関係ありません。しかも、感動は、頭の一部分ではありません。身体の全部、いのちの全部です」

私は、この「感動はいのちの全部」という言葉に惹かれてしまいました。相田さんはさらに、損得で動くことを教えられがちな現代の子どもたちの姿を憂えています。

「知識は頭の一部分です。（中略）知識と感動とは根本的に違います。（中略）子供のいのちは、そんとく、勝ち負け、という〈物差し〉では計れないものです」

たしかに、子どもの心を育てるために、大人は、命のすべてで「感じて動く」ことが大切なのでしょう。

◎助産師をクリスマスにねぎらうガーナのよき習慣

お寺参りをしたとき、必ずと言っていいほど目にするのは「曼茶羅《まんだら》」です。「曼茶羅」とは、仏さまの世界や悟りの境地を描いたもので、その意味するものはさまざまです。

その一つに「大悲《だいひ》胎蔵生曼茶羅《たいぞうしょうまんだら》」があります。略して「胎蔵曼茶羅」とも言いますが、「胎蔵」とは母胎という意味です。

私たち衆生《しゅじょう》は、仏さまの慈悲によって、悟りを得ようという気持ちを育んでいるのだという教えを、胎内で子どもを育む母親に擬しているのです。

命の誕生はまず、卵子と精子が出あって受精卵になるところから始まります。子宮に至るのは1週間後、受精卵は卵割を繰り返して胚になります。

胚には、胎児になる部分と胎盤になる部分があり、胎盤は子宮に着床して形成されていきます。胎盤は円盤状の器官で、へその緒を通じて母胎と胎児を連絡する役割を担っています。

これが、人をはじめとした哺乳動物と魚類や爬虫類との違いで、お母さんは胎盤の助けにより、胎児を育てていくのです。胎盤は出産時にその役目を終え、胎児と一緒に出てきます。

そういう意味で、胎盤は出産時に立ち会ってくれる助産師さんのようなものとも言えるでしょう。あくまで、陰の存在だからです。私たちは、赤ちゃん誕生にばかり目が行ってしまい、助産師さんの存在を忘れがちです。

しかし、アフリカのガーナでは、キリストの誕生を祝うクリスマスに合わせて、その日に生まれた赤ちゃんたちの誕生を祝うと同時に、陰の存在である助産師さんをたたえるそうです。

毎年、12月25日に生まれた子どもの人数と出産に立ち会った助産師さんの名前が発表されるのです。一人の子どもが誕生することがいかに大きなことなのかを皆が知っていればこその習慣でしょう。

ガーナは、農業や鉱業といった1次産業が経済の中心ですが、これからはますます成長が見込まれる国であり、中でもお金に代えることのできない「心の豊かさ」という資産を、日本を含め世界に輸出してもらいたいものです。
ガーナだけでなく、世界中にこうした習慣があれば素晴らしいと感じました。

◎過去や将来に心を奪われず、「今」を大事にしよう

人生の「暇つぶし」を極上のものにする「動心」の「気づき」の中でも、この章全体に関わってくるのが、「今」を大事にする姿勢です。

いろいろ気になる過去や将来があったとしても、今あなたが生きて、息をしているこのときこそが大事なのだ、という気づきは、当たり前のようでいて意外に忘れられがちであり、「禅」の中でも最も重要な教えの一つです。

曹洞宗大本山總持寺《そうじじ》の開山・瑩山紹瑾《けいざんじょうきん》の生誕地、福井県越前市にある御誕生寺の住職を務めていた故・板橋興宗さんが、平成が令和に替わった年に、「今を生きる」と題して書かれた文章が印象的でした。

――令和がどのような時代になろうが、私は、新たな時代になろうとも変わらず、修行僧と共に一日も欠かすことなく朝晩の座禅に親しんでいる。

昔は「正法眼蔵」とか難しい本を研究した時が私にもありました。現在はすべて忘却してしまいました。「生きる目的」など追求して苦しみ、遂に禅僧にもなりました。現在は一日の生活、一呼吸、一呼吸の息づかいに、ただ満足しています。

もし今、お釈迦様が目の前に出てこられたら、「やー、あなたさまがおシャカさまですか」と握手をします。もしお釈迦様にお前さんの生き方は佛法ではないと言われても、「ああ、そうですか」と笑って受けとめ、余り気にもしなくなってしまいました。――

（「御誕生寺だより」第35号）

さすが大本山總持寺の貫主も務められた高僧の言葉らしく、まさに今のこの一日の生活、一呼吸一呼吸の息づかいあるのみという「今を生きる」境地が、お釈迦様とのユーモラスな会話にまで自在に表れています。

この「今」の捉え方を言い表した禅語に、「而今《にこん》」という言葉があります。普通の辞書ではお目にかかれない言葉ですが、あえて辞書的な意味で言えば、「今、現在このときのこと」となるでしょう。

禅では、この「今」を表す言葉に、「過去にも未来にもとらわれず今を精一杯に生きる」という意味を託しているのです。

古代ローマの哲学者セネカは、我々は短い時間をもっているのではなく、じつはその多くを浪費していると指摘しています。「今」の大切さを認識しましょう。彼は『生の短さについて』という本の中でこう言っています。

——人は、これを、次にはあれを、と考えをめぐらせ、遠い将来のことまで思いを馳せる。(中略)先々のことを約束することで、次の日が来るごとに、その一日を奪い去り、今という時を奪い去る。生きることにとっての最大の障害は、明日という時に依存し、今日という時を無にする期待である。君は運命の手中にあるものをあれこれ計画し、自分の手中にあるものを喪失している。(中略)来るべき未来のものは不確実さの中にある。ただちに生きよ。

――

私もこの年になって振り返ってみると、時間は今日までたくさんあったけれど、浪費してきた時間もあったのではないかと言われると、そうも思えます。

たまたま知ったアメリカ・イタリア映画『パパが遺した物語』には、「今」を大切に思うことがしみじみと描かれています。

事故で妻を亡くし、自分も重傷を負って後遺症に悩む父親が、7歳の娘を男手一つで育てることになりますが、長い入院生活を経て娘と過ごす時間は、彼にとって何よりもかけがえのないものでした。その2人の会話です。

「一日で一番好きな時間があるんだ」

「いつ?」

「今だよ」

この父親のセリフ「今だよ」は、まさに「而今」そのものと言っていいでしょう。映画ではこの2人をさらに過酷な運命が襲いますが、娘の支えになったのはこの父の言葉でした。

私たちの人生には、こうした「而今」の瞬間がさりげない日常に隠れて、きっとたくさんあるはずです。それに気づくか気づかないかで、あなたの人生の豊かさが大きく違ってくるに違いありません。

◎いなくなって知る犬と過ごした極上の時間

2021年の全国犬猫飼育実態調査では、犬は710万6000頭、猫は894万6000頭、合計1605万2000頭が飼われているそうです。

いかに多くの人が、ペットとの生活に癒やしを求めたり、家族としてコミュニケーションを深めたりしているかが窺えます。

２０２０年に新たに飼われた犬は41万６０００頭、猫は46万頭、合計87万６０００頭。一方、２０２０年に生まれた新生児は84万８３５人、犬猫の総数はその数を上回っています。この数字が示すように、犬猫は家族の一員であると言えるのではないでしょうか。

毎日スーパーの品出しをしていた女性が、ある日、出勤してこなかったことがありました。心配した同僚が大家さんに連絡をして、大家さんが家に見に行ってみたところ、ベッドの上に小さな犬が悲しい顔をして鎮座していたそうです。その傍らで女性は亡くなっていました。

最近は、ペットとの生活を人生の中でかけがえのないものとしている人がいます。私もその一人ですが、動物と寄り添いながら生きる人生もまた「極上の暇つぶし」となりうるでしょう。ペットとの出あいもまさに一つの縁だと思います。

私が可愛がっていた犬が死んだあと、まだ悲しみが癒やせていないとき、友人からとんでもない目撃談を聞きました。

著者の家族だったチョコ(右)とメル(左)

彼が、東京の奥多摩にドライブに行ったときのことでした。前の車が停まったかと思うと、2匹のダックスフントを降ろし、突然発進して去って行ったというのです。

残された犬は、飼い主が戻ることを信じて待っています。友人も犬につき合って待ってみたのですが、飼い主が戻ってくる様子はありません。

置き去りにされた犬を放っておけなくて、連れ帰ってきたという彼の話を聞いた私に、否も応もありませんでした。スリムなクリーム色のオスは幸い知人に引き取られたのですが、もう一匹のチョコレート色のメスは、私の家で飼うことになりました。これがまた、食べること食べること！

じつは妊娠していたのです。道理で太っているはずでした。

やがて、6匹の子犬が誕生、1匹は死産だったのですぐに埋葬してやりました。

というわけで、一気に数匹の犬を飼うことになり、1匹ずつ子犬の飼い主を見つけていったのです。最後に一番小さなクリーム色の犬が1匹残りました。インターフォンや電話が鳴ると、母犬と子犬は私のほうがいい声よ、いや私のほうよと言わんばかりに合唱するものですから、そのうるさいことうるさいこと。客が来れば一斉に吠え、電話の声も聞こえません。

しばらくしつけてもみましたが、成功せず、最後には諦めました。しかし、この2匹が亡くなったときの寂しさと、うるささへの懐かしさはどう表現しても言い表すことができません。

◎けっこう毛だらけ猫灰だらけ

獣医大としての歴史が古い麻布大学の菊水健史教授（動物行動学）は、「犬は、人が指を差したり視線を向けたりしたカップに、餌があることを理解できることがわかっている。チンパンジーですら持たない、犬特有の能力だ」と言っています。

また、犬は飼い主と目線を合わせる習性を持っています。そして目線が合うと、双方で愛情や信頼に関わるホルモン「オキシトシン」の濃度が上昇するという研究も、麻布大から報告されました。

犬以外の動物で、たとえばオオカミは飼い慣らされていても、飼い主と目を合わせることはないそうです。

菊水教授は、「犬は人と生活することでオオカミから進化したと考えられていて、あうんの呼吸で人の意図を理解する能力を持っている。人がこれほど特別な関係を築けた動物は、地球上には他にいない」と指摘しています。

つぶらな瞳で主人が帰ってくるのを待ち続ける、また、じゃれる、甘える、纏わりつく、ともかく愛らしさで体当たりしてくるペットと過ごす時間は、人の心を無垢にしてくれるのです。

毎日の習慣で、愛犬を散歩させている人も少なくないでしょう。飼い主が、「さぁ、散歩だぞ」と声をかけて外に出たものの、じつは人が犬に散歩させられているような、つまり愛犬に生かされている高齢者も多いのではないでしょうか。最近のペット事情において、都会では庭先に犬小屋を設けて飼育するような光景はほとんど見られなくなってきています。ペットは同じ住環境で暮らし、寝食をともにする「ファミリー」であり、「うちの子」なのです。

猫に関しては、２００８年に長崎県のカラカミ遺跡から猫の骨が見つかり、それが弥生時代のものであると判明したそうです。奈良時代には貴重な仏典がネズミにかじられるのを防ぐために、中国から猫を連れて帰ったという説もあり、当初は身分の高い人しか飼えなかったようです。

日本には「悴《かじ》け猫《ねこ》」という言葉があります。寒いときに手が悴《かじか》むと言いますが、このように猫が寒がっている状態を「悴け猫」と言うのです。

昔の日本は、かまどでご飯を炊いていました。寒がりの猫がかまどの火が消えているところに入って暖を取っていたため、当時猫は灰だらけであったと記されています。

猫は昔から日向ぼっこをして寝ていたり、ゴロゴロしたり、まさに我が道をいく生き方です。寒がりの猫が私たちの膝に乗ることで、体や心が温まるのです。

こんな風景にも、昔からあるペットと人間の心の温め合いを感じます。

◎「増やすと減り、減らすと増えるもの」なーんだ

よく法話などでも使われる有名な「なぞなぞ」に、「増やすと減り、減らすと増えるもの、なーんだ」というのがあります。

もうすこしわかりやすく言えば、「分ければ分けるほど増え、独り占めするほど減るもの、なーんだ」となるでしょうか。答えは「幸せ」です。

普通はお金でも食べ物でも珍しいお土産でも、人に分ければ自分の分は減ります。逆に独り占めしていれば減りません。

しかし、おいしいものを食べたとき、欲しいものを手に入れたとき、その「幸せ」な気持ちに関してはどうでしょう。

おいしいものを食べたときの「幸せ」な気持ちは、この食べ物を人に分けたとき減るでしょうか。欲しいものを手に入れたときの喜びは、このものを人に分けたとき減るでしょうか。

分けた分だけ「もの」は減りますが、「幸せ」な気持ちは減るどころか、相手の喜ぶ顔を見て、なおさら強くなるでしょう。つまり、相手に「幸せ」を分けることで、自分の「幸せ」も増やすことができるのです。

「増やすと減り、減らすと増える」というなぞなぞに即して言えば、欲しいものを独り占めしてどんどん増やしていけば、自分は嬉しくて「幸せ」も増えているように見えるかもしれません。

しかし実際は、欲しい「もの」は増えても、独り占めしている限り、その「幸せ」は増えるどころか減ってしまうのです。

まえに挙げた「赤ひげ大賞」のお医者さん・下田憲さんの言葉も思い出します。

「物は蓄えても　分ければ減って　行くけれど　心は　分けるほど増えて　行くんだなあ」

仏教でも、こうして自分の「幸せ」を人に分ける行いのことを「布施」と言って大切にしています。

おいしいものやお土産のお裾分けだけでなく、席や道を譲ったり、優しい声掛けやちょっとした介護の手を差し伸べたり、楽しい会話や笑顔を送ることなど、有形無形のさまざまな「幸せ分け」が「布施」なのです。

ちなみに「ほんのお裾分けですが」と言ってものを渡すとき、「お裾分け」という言葉が粗末なものを指すようでためらわれる場合は、「お福分け」という言葉もあるので、知っておくといいかもしれません。

◎与えられる側も「与える喜び」が欲しい

人に「幸せ」を分けると、自分の「幸せ」は減るどころか増えていく。このことを言い換えると、人を喜ばせようとして、人のために「幸せ」を分けていながら、結局は自分のためになっている、自分のための行為だということになります。

厳しい言い方をすれば、すべての利他的行為も、それを行うことで自分がいい行いをしたと満足し、いい気分に浸れるという意味で利己的行為にすぎない、と言って言えないことはありません。

こんな話を聞いたことがあります。

あるお年寄りの施設を訪ねた人が、お年寄りの一人に贈り物を渡そうとしたら、相手から、「見ず知らずの人からものはいただけない」と断られてしまいました。

そこでこの人は、「お年寄りのご長寿にあやかりたいので、せめて頭を撫でていただけませんか」と頼んでみました。すると、そのお年寄りは「いいよ」とばかり、髪の毛がくしゃくしゃになるほど、思い切りその人の頭を撫でてくれたというのです。

撫でてもらったその人も、これで何年も寿命が延びますと喜んだでしょうが、撫でたお年寄りも嬉しかったでしょう。その後、改めて「今のお礼です」と言って贈り物を差し出したところ、今度は相好を崩して「ありがとう」と受け取ってくれたというのです。

たしかに、人からありがたいものを与えられた側は、「与えられる喜び」を味わいます。しかしこの喜びよりも、与えた側の「与える喜び」のほうが、与えられた側の喜びによって増幅された分、大きくなるのです。

ということは、「与えられる側」も、いつも与えられるばかりではなく、「与える喜び」を味わいたいと思っても不思議はないということです。むしろ、いつもいつも与えられる側にばかりいると、「与えられる喜び」が負担になる恐れさえあるかもしれないと思います。

好意を示す側、与える側に約束されている「与える喜び」だけでなく、好意を示される側、「与えられる側」にも、いつも受け身で喜びを受け取るだけでない、自分の側からも能動的に「与える喜び」が求められていることを、忘れないようにしたいと思います。

3章

「道心」でほっこり暇つぶし

——結局一番楽なのは「自灯明・法灯明」の教え

◎毎日拝む心があれば、高価な仏壇はいらない

古い話になりますが、法要のために檀家さんの家に行くことになり、タクシーを拾ったことがあります。すると、タクシーの運転手さんが「つかぬことを伺いますが」と話しかけてきました。以下はその会話です。

運転手「うちの女房が6年前に亡くなりましてねえ」
私「それは大変でしたね。お寂しいことでしょう」
運転手「寂しいよ。それで和尚さんに聞きたいんだけれど、じつは今でもお金がなくて仏壇を買っていないんだ。悪いなあとは思っているんだけれど、これじゃあ女房も成仏できないよね」
私「お水やご飯などのお供えものはどうしているんですか」
運転手「仕事明けや休みのときは必ず手を合わせてお供えしているよ」
私「では、一億円のお仏壇を購入したとしましょう。でもお供えものも

しない、手も合わせない、奥さんはどちらが嬉しいでしょうか」

運転手「それはきっと手を合わせるほうだと思うよ」

私「ものや形にとらわれるのではなく、故人や先祖に対して心や思いをどれだけ注がれているかが重要で、すでに運転手さんの心の中には仏壇があります」

そんな会話をしているうちに、目的地に着いたのですが、運転手さんは、料金をいらないと言い出しました。結局、気持ちだけいただくと言って私は料金を払い、「最近は安い仏壇もありますよ」と言うと、「近々仏壇屋に行ってみよう。久しぶりに女房の喜ぶ顔が浮かびそうだ」と、嬉しそうに言って走り去って行きました。

私には、運転手さんと車体が一体となり、両脇に羽が生えて軽やかに走って行ったように見え、車が小さくなるまで見送りました。

これはやはり、いくらお金をかけても、死者を悼む心がなければ、本当に葬ったことにはならないという意味でしょう。

——介護も看取りも、手のかかる者ほど愛おしい。そして他者を受け入れ、死を受け入れたとき、人は優しくなれる。——

これは、元・同朋大学特任教授の蒲池勢至氏の言葉（高林寺HPより）ですが、まさにこうした「優しい心」こそが、死者を悼み、弔う心なのです。

◎理屈がはずれ、底が抜けた生活こそ禅の極地、道心の極み

この3章でお話ししたい人生の総仕上げとしての「暇つぶし」は、やや仏教的・禅的なものが多くなるかもしれません。

1章・2章と読み方は同じ「どうしん」ですが、ここでは自分自身の「道を求め、たどる心」、時には「導かれたり、導いたりする心」という意味を込めて、

「道心」「導心」を合言葉にしようと思います。

人間としての己の人生を、結局、本当の意味で一番楽にするのは、「自灯明・法灯明」という禅の考え方だと私は思っています。

己の人生何があろうが、結局は自分の道であり、そこに導かれていると考える「道心」「導心」で、きっとあなたも「極上の暇つぶし」ができるに違いありません。

すでにご紹介した「御誕生寺だより」の第39号に、「生きる極意——底の抜けた生活」と題する文章が掲載されています。

——良寛さんのように理屈のはずれた人、しかも情熱を秘めた人、想像しただけでも奥ゆかしく、ほのぼのとした気高さを感ずる。一体どうやったら私たちはそうなれるのか。（中略）その基本として座禅がある——

（板橋興宗『閑々堂』より転載）

座禅と聞くと、誰もが脚を組んで座り、雑念が湧くと棒で叩かれる厳しい修行を思い浮かべるでしょう。

「しかし」と、この文章では曹洞宗の太祖大師と仰がれている瑩山禅師の言葉を紹介しています。

――瑩山禅師は、仏道の究極を〝平常心これ道〟と明言された。私たちの何気ない平生の一呼吸、一呼吸。耳にし、口にし、肌にふれ、心に思うことがそのまま仏道の全体であるという。（中略）無理があってはいけない。全身心を開け放して、からだごと投げ出している姿である。心をしずめようとか、無心になろうとか、つまらぬ心配をしないことが大切である――

昔、やはり偉い禅の坊さんがこう言ったそうです。

「古桶の底抜け果てて、三界に一円相の輪があればこそ」

古桶の底がすっぽり抜けて、がらんどうになっている状態を想像してみたとき、そこに「空」を感じ、よく禅僧が描く「円相」を思うのは、私だけではないと思います。良寛さんの「理屈はずれ」とともに、まさに「道心」の極み、ここにも、「いい暇つぶし」がありそうです。

●どんな人間でも「自分」という世界で唯一の作品を作れる

劇作家の井上ひさしさんは、お嬢さんの麻矢さんに「自分という作品を作っているつもりで生きなさい」と言っていたそうです。

たしかに、どんな自分であっても、時には恥ずべき一生だったと思ったとしても、自分の一生は自分で選んで歩んだ道であり、出来上がった自分は世界で唯一の作品です。

それは、どんなに不出来でも、自分で編んだセーターや自分で組み立てたプラモデルを捨てることができない気持ちと同じです。それがどこにもない唯一の作品だからです。

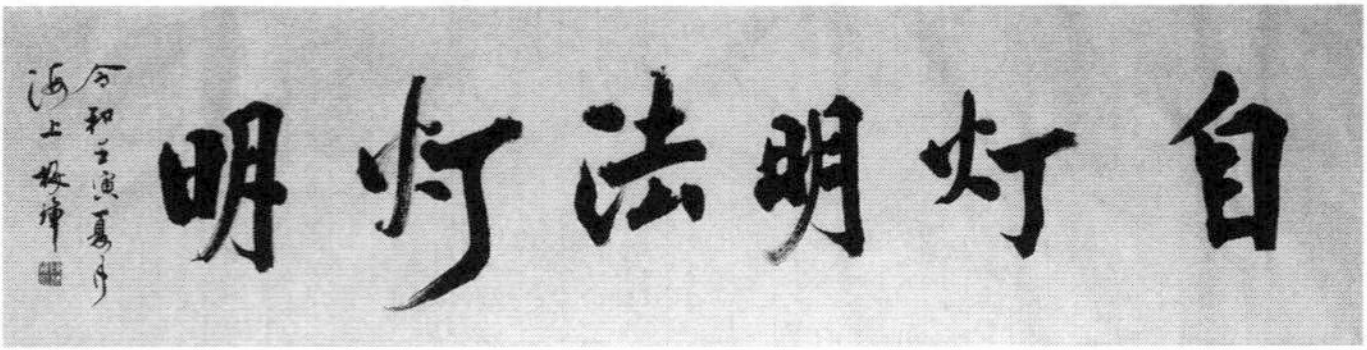

これは、仏教の言葉「自灯明」に似ています。この言葉は、お釈迦様が亡くなる前に、弟子であり従兄弟でもあるアーナンダが「これから何をよりどころにして生きていけばいいのか」と問うたとき、お釈迦様から教えられた言葉とされています。

「自灯明」とは、「自分を灯明（導く灯）、よりどころとして生きなさい」という意味です。つまり、他人の意見に左右されることなく、自分自身を信じて生きていきなさいということです。

「自灯明」、もしかしたら、自分中心の勝手気ままな生き方を認めているように聞こえるかもしれません。しかし、「人のせいにしないこと」と解釈すれば、自分を戒める言葉であると思えるでしょう。

そして、お釈迦様は続けて「法灯明」とも言いました。これは、法（お釈迦様の教え）を灯明として生きるという意味です。

お釈迦様が「自灯明」という言葉を先に挙げたのには、何かわけがありそうな気がしませんか？　私には、井上ひさしさんではありませんが、まずは、自分で判断して自分で決めて、人生の作品を作りなさいという意味に思えて仕方がないのです。

そして、判断に迷ったときは「法灯明」に従えばいいんだよと言われているような気がします。何か、気楽に生きられるように思えてきました。いい暇つぶし人生を送ることができそうです。

◎ごく当たり前の気づきがありがたい

禅に「無為自然《むいじねん》」という言葉があります。人の手を加えず、何もせずあるがままに任せるという意味です。老子や荘子の思想を表す言葉で、知や欲を働かせることなく自然に生きることをよしとしました。

老子は、中国春秋時代の人で、道教の始祖と言われています。「老子」は偉大な人物を意味する言葉と考えられていますが、じつは老子は謎に包まれた人物で存在が疑われることもあります。

とはいえ、その「あるがままに生きる」という考え方に影響された人は多く、日本にも、それに類する言葉を残している人がいます。

たとえば、「腹がすいたらご飯を食べ、眠くなったら寝ればいい」と言ったのは、前にもご紹介した瑩山禅師です。また、「災難にあったら災難にあい、死ぬ時節がくれば死ぬだけだ」と言ったのは良寛さんです。

前出の板橋興宗さんは、これらの言葉を引用して「本当に至り得た人には、あの世も、この世もない〝ただ今〟があるだけである、これを〝いのちの実感〟という」（「御誕生寺だより」第59号）と言っています。

自然に生きるとは、ありのままに生きるということで、死ぬのも生きるのも当たり前として受け止めることです。そういう意味で、私たちは「当たり前」に囲まれて生きているような気がします。

この世に酸素があって当たり前、酸素なしでは生きられないのに、私たちは、炭酸ガスを吸った樹木が酸素を作ってくれていることを忘れます。人が生きるために最低20本の木が必要だということも知りません。

しかも、じつはこの当たり前の酸素も、地球の始まりのときはありませんでした。なぜか光合成の仕組みが出来上がることで私たちは誕生し、今に至るまで生き続けているのです。

食卓に食べ物が用意されているのも当たり前、食べ物は土や太陽が育ててくれる。

こうしたことに気づいたとき、「当たり前であること」のありがたさがわかるのでしょう。当たり前の人生を謳歌することで大いに「いい暇つぶし」をしたいものです。

ウクライナから日本へやってきたズラータ・イヴァシコワさんも言っています。

——それまで当たり前にあったものが一瞬で消え失せてしまいました。（中略）あれほど退屈に思えた日常のどれもが、どれほどかけがえのないものだったか、（中略）身に染みてわかったのでした。（中略）明日に幸せを託すのではなく、今日この一日を精一杯に生きることこそ幸せなのだと（後略）――

（JAF Mate 2023 冬号）

彼女は17歳です。一日も早く、当たり前の人生を取り戻してくれることを祈りたいと思います。

◎「いただきます」の意味はどこまで知られているのか

前述のジャン・ギャバンの歌ではありませんが、年齢を重ねるほど、自分が何も知らなかったということを思い知らされます。それほど、「知らなかった！」ということが多く、びっくりするばかりです。

その一つが植物の生命力の強さです。私はそれを植物学者の稲垣栄洋さんに教わりました。稲垣さんは、日照りが少なく気温が低い年に、凶作になるのは、稲が光を求めて上へ上へと伸びるからであり、その分、根を張っていないのだと言います。

——本物はゆっくり育ちます。そして、その大切なものは外からは見えないのです。

植物が生長を遂げるためには、大地にしっかりと根を張ることが大切です。それでは、実際に植物はいったいどれくらい根を伸ばしているのでしょうか。ライ麦という作物でそれを調べた人がいます。ライ麦一株の根っこを全部つなぎあわせると、いったいどれくらいの長さがあったと思いますか？

二十メートルくらいでしょうか？　それとも一キロメートル？　いえいえ、根の長さはそんなものではありませんでした。調べてみると、主な根だけで、六二二・七キロメートルにもなったそうです。

これは東京—神戸間をも上回る長さです。驚かされます。——

（『東京福祉会だより 響』第47号）

本当に驚きましたが、同時に、感謝の気持ちが湧いてきました。こんなに一生懸命根を張っている生物の根をちょん切ってあっさりと食べているのだということを知ったからです。

私たちは、食事のまえに「いただきます」と言います。私は、この「いただきます」は、命あるものをいただいているという、食べ物そのものに対する感謝の言葉なのだということを改めて実感したのです。

つまり「いただきます」「ごちそうさまでした」という食事の挨拶には、そのまえに「命を」という言葉が隠されているのです。

このような食べ物そのものに感謝する意味を持つ言葉は、海外には存在していないと言われています。

たとえば、英語圏では「レッツイート（食べましょう）」、フランスでは「ボナペティ（召し上がれ）」などの言い方があり、あるいは、食前にお祈りの言葉を唱える習慣もあります。

しかしいずれも、食事を提供してくれた人や神様への感謝の言葉であり、食べ物に感謝する意味はありません。つまり「いただきます」は日本独自の素晴らしい食文化なのです。

仏教では食事のまえに、食事に対する5つの考え方を示す偈文《げもん》「五観《ごかん》の偈《げ》」を唱えますが、その5つ目に「成道《じょうどう》の為の故に今この食《じき》を受く」とあります。これは、「食事はただ空腹を満たすためではなく、自分の体を健康に保ち社会のために働くエネルギーに変化させるためである」という意味です。

飽食の時代と言われて久しいわが国では、私たちの多くは飢えの苦しみを味わうことなく、好きなものをふんだんに食べる生活を謳歌しています。ともすると、食べ物への感謝の気持ちも薄れているように思われます。

しかし、「持続可能な開発目標」の一つには「飢餓をゼロに」と掲げられています。世界に目を向ければ、何億人もの人が飢餓で苦しんでいるのです。私たちは改めて「食」というものを考えてみるべきなのではないでしょうか。

すべての食物は、生物の命を絶つことで与えられていることを忘れてはいけません。「有難う」の気持ちを失ったら、暇つぶし人生も、ずいぶん貧しいものになるでしょう。

◎「右ほとけ左衆生と合わす手のうちぞゆかしき南無の一声」

「いただきます」といえば、私たちの多くは、「いただきます」と言うとき両手を合わせて合掌の形をとります。「いただきます」さえ言わなくてもいいと考える人がいる昨今、この習慣も次第になくなりつつあるのでしょうか。

それはともあれ、習慣としてやっているだけで意味を知らない人もいるかもしれません。

じつは仏教の合掌の起源は、仏教誕生よりも古く、敬意を表す行為として行われていました。「アンジャリ」という、サンスクリット語で「捧げる」という意味の言葉が語源で、それが仏教でも取り入れられ、仏さまに敬意を示すようになりました。インドでは、右手は食べ物を扱う清浄の手、左手は汚れたものを扱う不浄の手、とされています。

合掌は、「右ほとけ左衆生と合わす手のうちぞゆかしき南無の一声」と言うように、仏さまと出会うときの挨拶の方法です。仏さまをよりどころとする礼儀作法なのです。

ですから、右手は仏さまのような無垢な心を示し、左手は穢れの多い自分のことを指しています。つまり「合掌」とは、穢れの多い自分を本来の清らかな心に照らし合わせて、心を整えるという意味があるわけです。

私たち人間は、人をうらやんだり妬んだり、そのことで劣等感に苛まれます。さまざまな欲に我を忘れることもあるでしょう。心が乱れ、本当に大切なことを忘れがちです。

そんな日常の中で、手を合わせ心を調える一時《いっとき》を持つことで、よりよい人生にすることができるのではないでしょうか。

日本の漢字はよくできています。10本の指を口元に、ということは口偏に十、つまり「叶う」という字になります。合掌すればすべてが叶うものではありませんが、合掌することによって、心が安らかになったり、希望が湧いたりします。

右手と左手の合掌のほんのわずかの隙間に「感謝と願い」を込めて手を合わせましょう。――合掌――

◎食事は「三心」で食べると心も体も豊かになる

阪神・淡路大震災で被災した人の記事がありました。

「被災した私たちのために、多くの方の手を通り、私たちが生きる糧として食べ物が目の前に運ばれてきました。冷たいおにぎりでも、どれだけ心を温めてくれたでしょうか。涙が頬からおにぎりに伝わり、それがとてもしょっぱかった記憶が今でも脳裏によみがえります」

おいしさや幸せは食べ物の味だけでは決まりません。いつ、どこで、誰と、どんな環境で食事をするかによって、違ってきます。

たとえば、嫌いな人と向かい合って取る食事は、どんな高級な食べ物であってもおいしさを感じとれないでしょう。一方、ただの塩にぎりであっても、愛し合う2人で食べれば最高の味に思えるに違いありません。

「いただきます」と感謝の言葉から始まる食事ですが、永平寺の開祖道元禅師は、調理や給仕、食べることも含めて、食に関するすべては「三心《さんしん》」という修行であるとしています。

まえにお話しした『典座教訓』の最後のまとめにこの言葉が出てきます。主として料理を作るにあたっての心得なのですが、食事をいただくときの心得についても同じだと言っています。

その「三心」とは、「喜心《きしん》」「老心《ろうしん》」「大心《だいしん》」の3つを言います。

「喜心」

喜ぶ気持ちを持って料理に携わることが大事だということです。自分は縁があって、この場にいることに感謝しなさいということです。

「老心」

老心とは、親が子どもに対するような心の在り方のことです。料理を作ったりいただいたりするときは、かたときも子どものことを忘れないという親心のような心、すなわち思いやりの気持ちを忘れないようにということです。

「大心」

高い山のような、そして深い海のような、偏りのない心の大切さを言っています。好き嫌いをせず、偏らず食べなさいということです。

調理をするということは、材料が本来持っている生命に思いを致し、それを生かしてあげることです。ですから、それを粗末に扱うことなどもってのほかです。料理を作る側もそれを食べる側も、感謝と思いやる気持ちを忘れてはならないものです。「三心」を忘れずに食物をいただくことができれば、本来持っている食のよさがさらに引き出され、人生の暇つぶしという果実が豊熟することでしょう。人生は実りの多い豊かなものになるに違いありません。

◎「食禅食悟」、食べて学ぶことの多さ

日本では江戸時代まで食事は一日二食が一般的だったそうです。その後、菜種油などを使った明かりの普及や娯楽の広がりなどで一日の活動時間が延び、次第に三食取るようになったのです。

さて、ある統計によると、私たち日本人が食事にかける時間は平均で一日100分、山梨県では106分、東京都は103・5分です。

一日の24時間から、睡眠時間8時間と働く時間8時間を引くと残りは8時間です。ですから、食べる時間は、余暇に使う8時間のうちの約5分の1を占めてい

ることになります。

よりよい暇つぶし人生にするためには、これだけの時間を費やしている「食」について、前項に続けて考えてみる必要がありそうです。

この「食」という字、分解してみると「人」の下に「良い」となります。よい食事の仕方をすれば、それは周囲の人にも伝わり、よい影響を与えます。

それは、「薫育」に通じるものです。自分自身の生き方や振る舞いによって、その薫りが周囲に染み付くことで人を教え導くように、食に対する心構えがよければ、いろいろな美徳を周囲に振りまくことになるのです。

私たちは、祖母や母親から、それを教わってきました。

「米という字は、八十八の過程を経て、私たちの口に運ばれてくるという意味があるのよ。だから、一粒でも無駄にするとバチが当たるよ」

「がつがつ食べてはいけない。食事というものは、周囲の人が気づかないうちに食べ終えているようにするものよ」

などと言われた人も多いと思います。皿に骨しか残っていないような魚の食べ方を教わった人もいるはずです。それが魚に対する礼儀であると。

つまり、食事をするということは、自分自身の生き方や振る舞いを問われているということです。まさに「食禅食悟」と言えるでしょう。

食を通じた禅「五《ご》観《かん》の偈《げ》」の教え

禅宗には「食事五観文《しょくじごかんもん》」という教えがあります。「五観の偈」とも言い、禅宗では、食事の前にこれを唱えます。


「一つには、功の多少を計り、彼の来処を量る」

この食物が食膳に運ばれるまでには、多くの人の苦労と天地の恵みがあったことを思い感謝します。

「二つには、己が徳行の全欠をはかって供に応ず」

この食事を取る資格が自分にあるかと自分を見つめ直し反省して、いただきます。

「三つには、心を防ぎ、過《とが》を離るることは貪等《とんとう》を宗とす」

どんな食事でも、むさぼる心を起こさず、こだわらず、好き嫌いもせずいただきます。

「四つには、正に良薬を事とするは形枯《ぎょうこ》を療ぜんが為なり」

この食物には天地の命が宿されていて生きるために必要な良薬と思っていただきます。

「五つには、成道《じょうどう》の為の故に今この食《じき》を受く」

日々の行いを通して、真に平和で安らかな心を得るためにこの食事をいただくことを誓います。


禅宗における食事の作法は非常に厳しく、たとえば沢庵を食べるときでも音を立ててはいけません。理不尽に思えるかもしれませんが、要は、食事に集中しなさいということです。

集中することで、自ずから食べ物に対する感謝の心も芽生え、いただいた命が、自分の体にしっかりと吸収されたことが実感できるでしょう。

最近は、こうした食べ物に対する感謝の心は薄れつつあります。飢餓で苦しむ国がある一方で、日本ではフードロスが問題視されており、減ってきてはいますがまだ徹底には時間がかかりそうです。

私たちには、もう一度こうした考え方を振り返ってみる機会があってもよいのではないでしょうか。

◎「生飯《さば》」の作法で知る生きとし生けるものとの共存

禅僧は、応量器という器で食事をするのですが、器に盛られたご飯から、7粒くらいを手に取り、刷《せつ》という器を洗うためのへらの形をした道具の上、あるいは、鉢単《はったん》というランチョンマットの端に置くという作法があります。

この7粒を「生飯《さば》」と言います。何のためにするのか、それは、あらゆる生物、

禅僧の食器・応量器

生きとし生けるものにも分け与えるためです。食事のたびにお供えをしているわけです。

取り分けられたご飯粒はもちろん、集められて鳥や魚などの小動物に与えられます。自分一人で食べてしまうのではなく、皆と分かち合って食べましょうという慈悲の心がそこにはあります。

一説によると、「さばを読む」という言葉はここからできたと言われています。大勢の禅僧が「生飯」の作法で食事をすると、料理をする者はその分を考えてすこし多めにご飯を炊かなければなりません。そこから来たというのです。

こうした、生きとし生けるものが平等に分かち合うという教えを行事にしたものが「施食会《せじきえ》」です。

仏教の世界には、「地獄」「餓鬼」「畜生」「修羅」「人間」「天上」の6つの世界があり、それを「六道」と言います。この六道のうち、餓鬼道に落ちて苦しんでいる無縁仏を供養するのが「施食会」です。

ご先祖の霊を供養するお盆に行われることが多く、四方に竹笹を立てた祭壇を作り、食べ物を供えます。

つまり、施食会とは、人々が互いに分かち合い、支え合う喜びをともにし、亡くなった人にも心を寄せる大切な行事です。

あるとき、天と地獄の者たちがそれぞれのテーブルを囲んで食事をしている絵を見たことがあります。どちらも同じ食事で同じ長い箸を持っています。

地獄の者はガリガリに痩せています。地獄では自分のことばかり考え、この長い箸で自分の口に食べ物を入れようとしてもなかなか入りません。

一方、天の者は笑いながら楽しそうに食べています。天の者は自分の口にではなく、お互いの口に食べ物を運んでいるので、食事が楽々と取れるのです。

人は、奪い合えば傷つき、分かち合えば心が和らぎます。人生が素晴らしい暇つぶしになるように、布施の精神を、施食会を知ることで学んでいただきたいと思います。

また、施食会で唱える経文を「甘露門」と言います。もろもろの仏や菩薩を迎えて、迷える魂に食を施し、悟りを開こうという経で、途中で、インドの古い言葉「オン　サンマヤ　サトバン」と唱えます。

これは、「信じます。平等です。すべての生命と仏さまは」という意味です。すなわち、すべての命は平等であることを宣言しているのです。

◎誰でも持っているのに気づかない「衣裏宝珠《えりほうじゅ》」

法華経には7つのたとえ話が説かれていますが、その一つに「衣裏宝珠《えりほうじゅ》」（衣《え》裏《り》繫珠《けいじゅ》）があります。登場人物はお金持ちの長者と貧しい男です。この2人、境遇は大きく違いますが親友同士でした。

この2人が酒を飲んでいるとき、飲みすぎたのか貧乏な親友は寝てしまいまし

た。長者は旅に出ることにしていたので、寝ている親友の着物の裏に珠を縫い付けて出かけていきました。

その珠は、どんな願いも叶えてくれるし、病気も治してくれるという不思議な宝物でした。

さて、酔いが覚めて目覚めた親友は、長者がいないので、困り果て、さ迷ったあげく、物乞いになってしまいます。数年後、2人は再会したのですが、物乞いになっている親友を見た長者はびっくりしてこう言います。

「どうしたのだ。なんでも願いが叶う珠を置いて行ったのに、それに気づかなかったのか？」

それを聞いて、衣服を改めてみると、たしかに宝物があって、「なぜ知らずにいたのだろう。なんと愚かな自分だったのだろう」と、男は目を覚ましたというお話です。

これはたとえ話ですから、仏さまの教えに結びつけて考えれば、この物語の長者はお釈迦様であり、貧乏人は私たちのことです。そして宝物とは仏のような心「仏心」のことでしょう。

つまり、お釈迦様はすべての人に仏心を与えているのであるから、気づかないでいると、人生は貧しいものになってしまうよという教訓なのです。

このことを、私たちの日常生活に当てはめてみると思い当たることが多々あります。人を批判したり、劣等感に苛まれたり、あれが悪い、これが悪いと、自分の間違いも人のせいにして、満足することがありません。

そして、幸せを求めてさまよい歩き、すぐ近くに宝物があることに気づかないのです。

これはまさに「宝の持ち腐れ」というものです。人は、自然や人から与えられた貴重な宝に気づかず、不幸になっていることが多いのではないでしょうか。

◎お賽銭は「請求書」か「領収書」か

日本人に「何か宗教を信じているか」と聞くと、「無宗教です」という答えが返ってくることが少なくありません。キリスト教圏やイスラム圏で無宗教だということになると、無神論者と見なされ、警戒心さえ起こされかねませんが、その点、日本は事情が違うようです。

つまり、日本人にとって無宗教の意味はほかの文化圏と大きく違うようです。人間の力を超えた、自分の力の及ばない何かを信じるけれど、それは一神教的な神ではないという漠然とした宗教観なのではないでしょうか。

遺伝子学者の村上和雄さんは、それを、人知の及ばない何か大きなもの「サムシング・グレート」と名付けました。

このように、特定の宗教は持たないけれど、宗教心のようなものはあるというのが正直なところでしょう。

その証拠に、ほとんどの日本人は、お正月になると神社やお寺に初詣でに出かけます。中には神社とお寺の両方に行く人もいると思います。

私は願い事をするにあたり、「この一年を健康に過ごすことができました」とまずは感謝したほうがいいと思います。そのあとに願い事をするのです。

ある人は、母親にこう言われたそうです。

「仏さまを拝むときには、請求書的な拝み方をしてはいけません。領収書的な拝み方をしなさい」

つまり、願い事は請求書、感謝は領収書というわけで、神様も仏さまも、請求書を突き付けられるより、領収書をもらうほうがいいと思っているに違いありません。

余談ながら、お賽銭は、「ご縁がありますように」という言葉がけで5円玉を用意する人が多いと思います。

また、45円は「始終ご縁」がありますように、という意味があるそうですが、これをすべて5円玉で払ったら、旅行用に用意した5円玉がたちまちなくなってしまったとぼやいていた人もいました。

◎「惚《ぼ》ける」は「惚《ほ》れる」、ボケるときはボケるがいい

昭和30年代にペギー葉山さんが歌って有名になった曲があります。それは1956年のアメリカ映画『知りすぎていた男』の主題歌をカバーしたもので、その主題歌を歌ったのは、97歳まで生きた主演のドリス・デイでした。

彼女は幼いときに両親が離婚し、交通事故に遭ってダンサーの夢を絶たれ、4度の結婚はいずれも破局。最愛の息子にも先立たれ、波乱の人生を送りました。

その彼女のヒット曲は、『ケ・セラ・セラ』。スペイン語で「人生はなるようになるさ」で、その歌を日本ではペギー葉山さんがカバーしたのです。

この世はすべて「苦」という中でも、大きなものの一つが大災害でしょう。じつはたびたび登場している良寛さんの言葉の中でも、ひときわ特異で理解が難しいものに、「災難に遭うときは災難に遭うがよい」という手紙の一節があります。

現実に災害に遭った人にとって、ずいぶん冷たいとも思える言葉ですが、その真意はどういうことでしょうか。それを知るには、この言葉が書かれた背景を知

る必要があるでしょう。

良寛が新潟県の三条に住んでいた1828年12月に、その付近を震源とする地震が発生し、死者1500人以上の大災害になりました。良寛自身は大した被害は受けなかったのですが、山田杜皐《とこう》という酒造業を営む親しい知人が、自分の子どもを失う悲劇に遭いながらも、良寛の身を案じて見舞い状を送ります。

これに対して良寛が書いた手紙に、「災難に遭うときは」の文言が出てくるのですが、その前後はこうなっています。文字は現代仮名遣いに直します。

――地震はまことに大変に候。野僧草庵は何事なく、親類中死人もなくめでたく存じ候。

うちつけに死なば死なずて永らえて　かゝるうきめを見るがわびしさ

しかし災難に逢う時節には災難に逢うがよく候。死ぬ時節には死ぬがよく候。これはこれ災難をのがるゝ妙法にて候。かしこ　良寛――

中ほどにある歌は、「いきなり死ねればそれでよかったのに、死なずに生きながらえて、こんなつらい目を見るのはわびしいことだ」という意味ですから、もちろん知人の不幸を悼んでいる気持ちには溢れるものがあります。

「しかし」と、ここで良寛は言葉を継いで、「災難に逢う時節には」以下の言葉で、次のようなことを言おうとしたのだと私は考えます。

つまり、人間の力ではどうにもならない天災が襲ったら、抗うよりも受け入れるしかないでしょう。死ぬときが来たら、これも抗わずに受け入れるしかないでしょう。そのときじたばたして苦しむよりも、これはこれで災難や死の苦しみから逃れる一つの妙法になるのではないでしょうか――。

こう考えれば、この親しい知人への一見冷たく思える言葉も、ありきたりでない深い慰めになったと思います。

大きな災害よりも、もっと身近で身につまされる災害と言ってもいいものに、認知症、いわゆる「ボケ」の問題があります。じつはこの「苦」に関しても私は、良寛さんの知恵は生きると思っています。

つまり「ボケるときはボケるのがいい」、ボケは人が長生きをすれば必然的に訪れる天災のようなものですから、本人も周囲の人も、じたばたしないでボケを受け入れてしまうことです。

そのとき、良寛さんの知恵に加えて私が一つ思ったことは、「惚《ぼ》ける」とは「惚《ほ》れる」と同じ字を使うということです。

「刷毛《はけ》に毛があり禿《はげ》に毛がなし」とは何のことかおわかりですか。濁点のあるなしでできた言葉遊びです。「ぼける」「ほれる」も、濁点のあるなしでがらりと意味が変わる言葉なのに同じ漢字とは、不思議です。

前述した介護施設で実習をしていたときのことです。そこに入所している物静かで口数の少ない認知症の男性が、腕をずっと同じ体勢で動かしているのです。

その動きを見ていたら、ハッと気づいたことがあり、「畳屋さんだったんですか？」と聞いたところ、「何言ってんだ！　今も畳屋だよ！　見りゃわかんだろ！」と言うのです。その方は、空中で肘を曲げてこぶしを体のほうに引き寄せ、畳の糸を強く締める仕草をしていたのです。

畳職人の大会で優勝したこともあると話していたくらいで、その動作が体に染み付いていたのでしょう。私はその男性に話を合わせて、「畳のいい匂いがしますね」と言ったら、「そうだろう！」と目を輝かせて生き生きと畳の話を始めたのです。

「俺の田舎で必ず勝つ競技があるんだよ。なんだと思う？」と聞くので、「相撲かなんかですか？」と答えたら、「う〜ん、腕相撲だよ」と自慢げに話してくれました。そのときの顔がとてもいい顔をしていて、忘れられません。

私は、認知症でも幸せだった昔の空間に戻り、幸せな最期を迎えられるのではないかと思いました。

◎「死ぬ」とは生まれる前、懐かしいところに戻ること

あるお寺の門前の掲示板に「死ぬこと以外はかすり傷」という言葉が掲げてありました。厳しい競争社会において失敗が許されない風潮の中、この世の出来事

など、かすり傷にすぎないと言われれば、救われる思いがするという人も多いことでしょう。

切羽詰まった状態に追い込まれた人が、「なにも殺されるわけじゃない。絞首刑になるわけじゃない。死んだ気になれば何でも耐えられる」と自らを励まして、苦境を乗り切った話も聞きました。

しかし、「死ぬこと以外はかすり傷」ということは、逆に言えば人生にとって最大の重大事は「死ぬこと」だということになります。

ただ、目先の問題に追われ続けている現役時代は、自分の死について考えることなど、「現実」離れしたことにすぎなかったかもしれません。いわば、人生の仕上げ期になった人だからこそ、死が「現実」になってくるのです。

その意味では、「人生しょせん暇つぶし」の中でも、最大の、そして最高の「暇つぶし」が死について考えることだと言ってもいいでしょう。

老いが極まり、死が近づくのは「老醜」であり、いやなことと思われるかもしれませんが、往年の名女優グレタ・ガルボにこんなエピソードがあります。

彼女は84歳で独身のまま亡くなるまえに、こう語ったそうです。

「結婚しないで、なんて私は馬鹿だったんでしょう。これまで見たものの中で最も美しかったものは、腕を組んで歩く老夫婦の姿でした」

彼女が見たのは、老いも肉体の衰えも超えるほどに、愛に支えられて生きてきた老夫婦の歩みの美しさだったのでしょう。それは独身を貫いた彼女の決意さえ、揺るがすほどのものだったのです。

この言葉からも、老いや死は決して醜いものではなく、最も美しいものにもなりうると、救われる気持ちになります。

禅の最高経典『修証義《しゅしょうぎ》』では、その第一章の冒頭で「生を明らめ死を明らむるは仏家一大事の因縁なり（生とは何かを明らかにし、死とは何かを明らかにすることは、仏教徒として最大の課題である）」とあります。

「明らめる」は「諦める」と同じ読みですが、ある意味では、思いをまとめ結論を出すという点で、明らかにすることと「諦める」ことには、通じるものがあるかもしれません。

生と死を明らかにすることで、「死」さえも「かすり傷」と思えるならば、生き方もさらに楽なものになるでしょうが、それはなかなか難しいことでしょう。

その意味では、「生を明らめ、死を明らめる」とは、生や死をわからないと「諦める」のではなく、むしろ死をしっかり見つめることで、生きることをしっかり意識し、明確にすることにつながると私は思っています。

前項で「死ぬときが来れば死ねばよい」と言った良寛さんの辞世の句をご紹介しましょう。

「裏を見せ　表を見せて散る紅葉」

晩秋にひらひらと散る紅葉を詠ったものですが、辛く悲しい「裏」の生き方も楽しく幸せな「表」の生き方も、ごまかそうともせず堂々と散っていくことが人生だという意味でしょう。さらにこんな句も遺されています。

「散る桜残る桜も　散る桜」

今尽きようとしている命があり、長らえている命もいずれは尽きる命に変わりはない、と言い切る良寛さんの心が思われます。

咲いたときから散る運命にある桜、人も同じ運命なのだから死に際して慌てることもない、当たり前のことだよと言われているような気がします。

曹洞宗では、四十九日を迎える日まで、「新帰元」と書かれた仮の位牌を置きます。「新帰元」とは、新しく元いた場所に帰るという意味です。

「死ぬ」ということは、「自分という存在がなくなる状態」です。これは、生まれる前の、自分という存在がない状態と同じということです。つまり、死ぬとは、生まれるまえの状態に戻ることだと考えればわかりやすいと思います。

最後に沢庵和尚の歌を紹介しておきましょう。

「たらちねに　呼ばれて仮の客に来て　心残さず　帰るふるさと」

父母に呼ばれて客としてこの世にやってきた　思い残すことなく故郷に帰るのだという意味です。まさに「新帰元」そのものを詠っています。

と、ここまで述べてきましたが、良寛さんや沢庵和尚ならぬ身には「死」を当たり前と捉えるのは難しいのかもしれません。一種の「開き直り」と思ったらどうでしょう。そうすれば腹もすわります。それを「悟りの境地」と言えば格好いいと思うのですが、いかがでしょうか。

あるいは1章で述べた「童心」のように、死を間近に控えた人は愛する人にすべてを委ね、子どものような気持ちになっています。あるご夫婦の夫が亡くなるとき、夫が妻に、「俺は死んだらどこへ行くんだ?」と聞きました。

妻は自分の胸を指さし、「ここよ。あなたは私のここに入るのよ。安心して」と答えました。夫はそれを聞くと、たとえようもない安心した表情で眠りに落ちたといいます。

事実、死んだ人の面影は親しい人たちの胸の中に入り、生き続けると考えると、なんだかすべての理屈を超えてほっとする話だと思いました。

あとがき――あなたのポケットにほかほかの「暇つぶし」を

人生はたとえ長寿でも、あたかも短命のように忙しい気持ちに追いかけられ、暇な時間などないように感じます。

いつか訪れる入院、手術、認知症など、病気や死に備えて家族などに伝えたい自分の情報や意見などを記しておく「エンディングノート」は広く知られてきました。しかし私は本書を、これとはちょっと違ったニュアンスで、新たに「ENDINGLIBRE」（エンディングリブレ）と名付けました。

「LIBRE」とはラテン語で「本」のことですが、「エンディングノート」が死に備えて「伝える」「整理」するためのツール（情報）であるのに対して、「エンディングリブレ」は、人生を生きていくにあたり、つねに頭の片隅にでもどこかに「死」を意識した生き方をすることによって、当たり前の日常が味わい深いものになる、そうした「自覚」を求めるものだと私は思っています。

本書はあなたの残された人生で、これから進む足元を照らし、悔いのない納得できる時間を過ごすための「自灯明・法灯明」のような一冊であってほしいと願います。

その意味で、すでに市民権を得ている「エンディングノート」とともに、「エンディングリブレ」という考え方が、新たに広く認知されていくと嬉しいと思います。

自灯明・法灯明としての一冊という意味で思い出すのは、あのアップルの創業者、スティーブ・ジョブズの有名な「最後の言葉」です。彼は日本の曹洞宗の禅僧・乙川弘文氏を師と仰ぎ、禅にも深い関心を寄せていたようです。

そんな彼が、亡くなるすこし前に後継者たちに遺したという言葉が知られていて、その中にこんな一節があります。英語の原文を私なりに訳したものです。

——私は、ビジネスの世界で、成功の頂点に到達した。

他の人の目には、私の人生は成功の縮図に見えるだろう。

しかしながら、仕事以外では、喜びはほとんどなかった。

人生の終わりには富など、私が見飽きた人生の単なる事実でしかない。

(中略)

私が人生で勝ち得た富は、(死後)一緒に持っていけるものではない。

私が持っていけるのは、愛が作り出してくれた思い出だけだ。

それがあなたを支え、あなたと共にある真実の豊かさであり、あなたの歩みに力と光を与えてくれるものなのだ。

(中略)

物質的なものは、失ってもまた見つけることができる。しかし、失ってしまうとけっして見つけられないものが一つある。それは「命」だ。

一人の人間が手術室に入るとき、彼はまだ読み終えていなかった本が一冊あることに気付くだろう。「健康な生活を送る本」——

人は生きている間、不安や悩みを抱えているものです。しかし、それらをあるがままに受け入れ、自分を取り巻くすべてに感謝し、生かされていることを「自覚」することによって、「健康な生活を送る本」、つまり心の安らぎを手にすることができるのではないでしょうか。

こうした気持ちに導いてくれる本が、「エンディングリブレ」なのです。

振り返れば誰でも、今まで苦労して働いてきたのは、家族や社会などのためであったことは確かでしょう。またその功績が認められ、地位や名誉につながった人もいるでしょう。

しかし、突き詰めて考えると、それらのことは同時に、責任をはたし、後悔をしないことにつながるという意味では、「最終的に自分のためであるのです」と言う声が、自分の人生を棚おろしし、整理した棚から聞こえてきそうです。

つまり、自分がしたいことをしてきたのだと自覚すれば、過ぎてきた時間がさらに満ち足りたものと感じられるに違いありません。

生きていれば楽しいことばかりではなく、現在も苦しい生活を送っている方もいらっしゃるでしょう。しかし、仏典においては、人生の労苦は自分の本性を知る機縁であり、率直に受け止めることが大切であると述べています。

仏教用語では、私たちがふだん使っている「苦楽」という言葉を「くがく」と読み、人生の苦は時を経ることで、冬がやがて春になるように変化していくものだとしています。

「苦しみ、悲しみがなければ人生の花を咲かせられない」（曹洞宗僧侶　青山俊董《しゅんどう》）

座禅で、両手の手の平を上に向け、右手を下、左手を上に重ね、両手の親指の先端はかすかに触れる程度に軽く合わせると、ここに楕円形ができます。

この手の形を「法界定印《ほっかいじょういん》」と言います。楕円の中に仏さまがおられるとか、そこが宇宙そのものだとか、さまざまな意味があると先輩僧侶から教わりました。

今までの「不覚」を、手の平の宇宙に投げ入れることによって、それまでの「自分の世界」が変わることもあるでしょう。

手の形だけでなく、座禅の作法には「欠気一息《かんきいっそく》」という呼吸法があります。これは、始めにお腹の底から息を吐き出すことであり、それによって自ずと鼻での呼吸が整います。座禅の前に必ず行う作法です。

息を大きく吸ってからではなく、大きく吐いてから座禅を始めるのは、吐き出す息と一緒に心の執着を吐き出すためです。つまり、「禅」とは、執着を吐き出し、心が動揺することがなくなった状態なのです。

「禅」という言葉が、精神を統一して真理を追究するという意味を持つサンスクリット語を音訳した「禅那」の略であることからも、この作法が理にかなっていることがおわかりでしょう。

「まえがき」の最後で、本書の浜辺にちりばめた「極上の暇つぶし」の極意というハマグリを「心という熊手」で探していただきたいと書きました。

このハマグリ、浜辺に生息して形が栗に似ているところから、昔は「浜栗」と書かれていました。この浜栗を焼いたものが「焼き浜栗」で、三重県桑名産のものが有名です。これが評判になり、江戸時代には将軍家に献上され、今でも高級料亭に出されています。

この「焼き浜栗」から「浜」を取ると「焼き栗」になります。以前私が住んでいたフランスでは、パリジャンが好む秋の風物詩の一つに焼き栗（マロン・ショー marrons chauds）があります。

ほかほかの焼き栗を紙袋に入れたままポケットにしのばせ、それを一つずつおいしく食べることはもちろんですが、栗の温もりが指先を温め、心までがほっこりと幸せになる。それも、パリに古くから伝わる営みなのです。

なんとなんと、地球の裏側ほどの別世界が、おいしく温かい「クリ」つながりで一緒になってしまうとは……。考えてみたら私のお寺の庫裡《くり》も、もとはといえば温かい料理を煮炊きする厨房を意味し、宗教的な空間とは違う生活の場となっていて、その一致にビックリ仰天です。

ともあれ、本書を手にしてくださったことで半分、読み終えたことで残りの半分、あなたのポケットにほかほかに温かい焼き栗のような「極上の暇つぶし」の極意が入ったでしょうか。

先ほど述べた座禅の「法界定印」が示すように、すべてを宇宙までいざなうその温かな指先に秘められた「禅」の世界を感じ取っていただき、本書に込めた私の思いが、あなたの心の深くに届くことを願っています。

【参考文献】（順不同）

*チャールズ M.シュルツ著、谷川俊太郎訳『気持ちが楽になるスヌーピー』祥伝社新書
*マギー司郎著『読むだけで誰でもすぐに幸せになっちゃうセラピー』ロングセラーズ
*けん三（下田憲）著『赤ひげ けん三の 日めくり癒やしの言葉』ＰＨＰ研究所
*相田みつを著『一生感動 一生青春』文化出版局
*セネカ著、大西英文訳『生の短さについて 他二篇』岩波文庫

〈著者プロフィール〉
石毛泰道（いしげ・たいどう）
1953年西東京市（旧保谷市）生まれ。縁あって仏教の道を志し、曹洞宗大本山總持寺独住十八世・孤峰智璨《ちさん》禅師（永光寺《ようこうじ》五百十二世住職）の門下、三輪悦禅大和尚（永光寺五百十五世住職）とその高弟・三輪智明大和尚に師事。約600年の歴史を持つ石川県徳雲寺住職、同別院の西東京市・金剛寺住職を兼任する。慶應義塾大学文学部卒業、早稲田大学大学院公共経営研究科博士課程修了。同大学招聘研究員。フランス公立ストラスブール大学文学部でも学ぶ。主著に『光の見える死に方』『和尚が教える　極上のお葬式』（ともに小社）などがある。

【JASRAC許諾番号】2305446-301

70歳からの禅の教え
人生が変わる極上の暇つぶし

2023年8月25日　第1刷発行

著　者　石毛泰道
発行人　見城 徹
編集人　福島広司
編集者　片野貴司

GENTOSHA

発行所　株式会社 幻冬舎
〒151-0051　東京都渋谷区千駄ヶ谷4-9-7
電話　03（5411）6211（編集）
03（5411）6222（営業）
公式HP：https://www.gentosha.co.jp/
印刷・製本所　図書印刷株式会社

検印廃止

ISBN978-4-344-04153-0　C0030

この本に関するご意見・ご感想は、
下記アンケートフォームからお寄せください。
https://www.gentosha.co.jp/e/